高等职业教育中医药类创新教材

大学生创新创业素质

（供中医学、针灸推拿、中医骨伤、中药学等专业用）

主　编　宫树华　袁　欣　周文超

副主编　于　宝　谭　萍　秦欢欢

编　委　（以姓氏笔画为序）

于　宝（山东中医药高等专科学校）

杜　婵（山东中医药高等专科学校附属医院）

李亮靓（重庆三峡医药高等专科学校）

周文超（江苏医药职业学院）

姜　姗（山东中医药高等专科学校）

宫树华（山东中医药高等专科学校）

秦欢欢（重庆医药高等专科学校）

袁　欣（南阳医学高等专科学校）

葛　敏（山东中医药高等专科学校）

蔡婷婷（江苏医药职业学院）

谭　萍（重庆三峡医药高等专科学校）

熊　娟（重庆医药高等专科学校）

中国健康传媒集团
中国医药科技出版社

内容提要

本教材是高等职业教育中医药类创新教材之一，依循教育部《大学生创业基础课程教学要求》和本课程特点编写而成，内容上涵盖创业的基础知识和基本理论，熟悉创业的基本流程和基本方法，了解创业的法律法规和相关政策，激发学生的创业意识，提高医学生的社会责任感、创新精神和创业能力，助力"中医药+"大学生创业等内容。本教材为书网融合教材，配套有课程知识点体系、PPT课件、题库等数字化资源，使教学资源更加多样化、立体化，适合中医学、针灸推拿、中医骨伤、中药学等专业使用。

图书在版编目（CIP）数据

大学生创新创业素质 / 宫树华，袁欣，周文超主编 . —北京：中国医药科技出版社，2022.8（2025.1重印）
高等职业教育中医药类创新教材
ISBN 978-7-5214-3197-1

Ⅰ.①大…　Ⅱ.①宫…②袁…③周…　Ⅲ.①大学生—创业—高等职业教育—教材　Ⅳ.①G717.38

中国版本图书馆CIP数据核字（2022）第078649号

美术编辑　陈君杞
版式设计　南博文化

出版　**中国健康传媒集团** | 中国医药科技出版社
地址　北京市海淀区文慧园北路甲22号
邮编　100082
电话　发行：010-62227427　邮购：010-62236938
网址　www.cmstp.com
规格　889×1194mm $\frac{1}{16}$
印张　9 $\frac{1}{4}$
字数　256千字
版次　2022年8月第1版
印次　2025年1月第5次印刷
印刷　大厂回族自治县彩虹印刷有限公司
经销　全国各地新华书店
书号　ISBN 978-7-5214-3197-1
定价　**36.00元**

获取新书信息、投稿、为图书纠错，请扫码联系我们。

代爱英（菏泽医学专科学校教务处处长）

刘　亮（遵义医药高等专科学校教务处副处长）

兰作平（重庆医药高等专科学校教务处处长）

王庭之（江苏医药职业学院教务处处长）

张炳盛（山东中医药高等专科学校教务教辅党总支原书记）

张明丽（南阳医学高等专科学校中医系党委书记）

苏绪林（重庆三峡医药高等专科学校中医学院院长）

王　旭（菏泽医学专科学校中医药系主任）

于立玲（山东医学高等专科学校科研处副处长）

冯育会（遵义医药高等专科学校中医学系副主任）

万　飞（重庆医药高等专科学校中医学院院长）

周文超（江苏医药职业学院医学院党总支书记）

办公室主任

范志霞（中国医药科技出版社副总编辑、副经理）

徐传庚（山东中医药高等专科学校中医系原主任）

数字化教材编委会

主　编　宫树华　袁　欣　周文超

副主编　于　宝　谭　萍　秦欢欢

编　委　（以姓氏笔画为序）

于　宝（山东中医药高等专科学校）

杜　婵（山东中医药高等专科学校附属医院）

李亮靓（重庆三峡医药高等专科学校）

周文超（江苏医药职业学院）

姜　姗（山东中医药高等专科学校）

宫树华（山东中医药高等专科学校）

秦欢欢（重庆医药高等专科学校）

袁　欣（南阳医学高等专科学校）

葛　敏（山东中医药高等专科学校）

蔡婷婷（江苏医药职业学院）

谭　萍（重庆三峡医药高等专科学校）

熊　娟（重庆医药高等专科学校）

出版说明

中医药职业教育是医药职业教育体系的重要组成部分，肩负着培养中医药行业多样化人才、传承中医药技术技能、促进就业创业的重要职责。为深入贯彻落实国务院印发的《中医药发展战略规划纲要（2016—2030年）》《国家职业教育改革实施方案》和教育部等九部门印发的《职业教育提质培优行动计划（2020—2023年）》等文件精神，充分体现教材育人功能，适应"互联网+"新时代要求，满足中医药事业发展对高素质技术技能中医药人才的需求，在"高等职业教育中医药类创新教材"建设指导委员会的指导下，中国医药科技出版社启动了本套教材的组织编写工作。

本套教材包含21门课程，主要特点如下。

一、教材定位明确，强化精品意识

本套教材认真贯彻教改精神，强化精品意识，紧紧围绕专业培养目标要求，认真遵循"三基""五性"和"三特定"的原则，在教材内容的深度和广度上符合中医类专业高职培养目标的要求，与特定学制、特定对象、特定层次的培养目标相一致，力求体现"专科特色、技能特点、时代特征"。以中医药类专业人才所必需的基本知识、基本理论、基本技能为教材建设的主题框架，充分体现教材的思想性、科学性、启发性、先进性和适用性，注意与本科教材和中职教材的差异性，突出理论和实践相统一，注重实践能力培养。

二、落实立德树人，体现课程思政

党和国家高度重视职业教育事业的发展，落实立德树人是教材建设的根本任务。本套教材注重将价值塑造、知识传授和能力培养三者融为一体，在传授知识和技能的同时，有机融入中华优秀传统文化、创新精神、法治意识，弘扬劳动光荣、技能宝贵、创造伟大的时代风尚，注重加强医德医风教育，着力培养学生"敬佑生命、救死扶伤、甘于奉献、大爱无疆"的医者精神，弘扬精益求精的专业精神、职业精神、工匠精神和劳模精神，以帮助提升学生的综合素质和人文修养。

三、紧跟行业发展，精耕教材内容

当前职业教育已经进入全面提质培优的高质量发展阶段。教育部印发的《"十四五"职业教育规划教材建设实施方案》强调：教材编写应遵循教材建设规律和职业教育教学规律、技术技能人才成长规律，紧扣产业升级和数字化改造，满足技术技能人才需求变化，依据职业教育国家教学标准体系，对接职业标准和岗位能力要求。本套教材编写以学生为本，以岗位职业需求为标准，以促进就业和适应产业发展需求为导向，以实践能力培养为重点，增加实训内容和课时的设置，力争做到课程内容与职业标准对接、教学过程与生产过程对接，突出鲜明的专业特色。内容编写上注意与时俱进，注重吸收融入行业发展的新知识、新技术、新方法，以适应当前行业发展的趋势，实现教材与时代的融合，以提高学生创造性解决实际问题的能力。

四、结合岗位需求，体现学考结合

为深入贯彻执行《国家职业教育改革实施方案》中推动的1+X证书制度，本套教材充分考虑学生考取相关职业资格证书、职业技能等级证书的需要，将岗位技能要求、劳动教育理念、国家执业助理医师资格考试等有关内容有机融入教材，突出实用和实践。教材理论内容和实训项目的设置涵盖相关考试内容和知识点，做到学考结合，满足学生在学习期间取得各种适合工作岗位需要的职业技能或资格证书的需求，以提升其就业创业本领。

五、配套数字教材，丰富教学资源

本套教材为书网融合教材，编写纸质教材的同时，重视数字资源配套增值服务的建设，通过教学课件PPT、思维导图、视频微课、题库等形式，丰富教学资源，利用中国医药科技出版社成熟的"医药大学堂"智能化在线教学平台，能够实现在线教学、在线评价、在线答疑、在线学习、在线作业、在线考试、在线互动等功能，极大提升教学手段，满足教学管理需要，为提高教育教学水平和质量提供支撑。

六、以学生为本，创新编写形式

本套教材在编写形式上坚持创新，在内容设置上注重模块化编写形式，整套教材设立相对统一的编写模块，模块设计分为"必设模块"和"选设模块"两种类型。"必设模块"是每本教材必须采用的栏目，使整套教材整齐划一。"选设模块"是每本教材根据课程的特点自行设计，目的是增强课堂互动和教材的可读性，提高学习的目的性和主动性。模块设置注重融入中医经典，融入课程思政，融入职业技能与中医助理执业医师资格考试内容，凸显本轮中医学专业教材编写的"传承创新"特色。

为编写出版一套高质量的精品教材，本套教材建设指导委员会的专家给予了很多宝贵的、建设性的指导意见，参编的几十所院校领导给予了大力支持和帮助，教材的编写专家均为一线优秀教师，他们业务精良，经验丰富，态度认真严谨，为本套教材的编写献计献策、精益求精、无私奉献，付出了辛勤的汗水和努力，在此一并表示衷心感谢。

本套教材目标明确，以满足高等职业院校中医药类专业教育教学需求和应用型中医药学人才培养目标要求为宗旨，旨在打造一套与时俱进、教考融合、特色鲜明、质量优良的中医类高职教材。希望本套教材的出版，能够得到广大师生的欢迎和支持，为促进我国中医类相关专业的职业教育教学改革和人才培养做出积极贡献。希望各院校师生在教材使用中提出宝贵意见或建议，以便不断修订完善，为下一轮教材的修订工作奠定坚实基础。

中国医药科技出版社

2022 年 6 月

　　大学生是最具创新、创业潜力的群体之一。2015年5月4日国务院办公厅下发的《国务院办公厅关于深化高等学校创新创业教育改革的实施意见》（国办发〔2015〕36号）中要求各高校面向全体学生开发创业基础等方面的必修课和选修课，并纳入学分管理。这标志着中国的创业教育由精英教育向通识教育的转变。

　　《大学生创新创业素质》是一门通识教育的必修课程，本教材以传授创新创业基础知识和基本技能为重点，系统解答创新创业相关问题，旨在培养医学生创新精神、创业意识和创新创业能力，为医学生开展创新创业实践指明方向和方法，并提供部分常规的路径和借鉴。通过创新创业素质教学，在教授创新创业知识、锻炼创新创业能力和培养创新创业精神方面达到以下目标：第一，培养创新精神和科学创业观。主动适应国家经济社会发展和人的全面发展需求，积极投身创新创业实践。第二，传授创新创业知识。认识创新创业的基本内涵和创新创业活动的特殊性，掌握创新思维、创新方法、创新实践的基本要求，使学生掌握开展创新创业活动所需要的基本知识。第三，提升创新创业能力。结合丰富的案例包括社会创业名人和医学生身边的创业故事等创新创业实例，激发医学生创新创业的积极性，主动参与到创新创业活动中，并从中受到激发，受益终生。

　　本教材针对高等职业教育中医药类人才培养的实际，结合当代大学生的特点，按照精品课程建设的原则，依循教育部《大学生创业基础课程教学要求》进行编写，力求教材具有科学性、先进性和实用性。本教材为书网融合教材，体现医学生创新创业实际，配套有微课、习题库、PPT等内容，使教学资源更加多样化、立体化，适用于高职高专院校中医学、针灸推拿、中医骨伤、中药学等专业用。

　　本书共分11章，第一章由熊娟撰写，第二章由葛敏撰写，第三章由周文超、蔡婷婷撰写，第四章由秦欢欢撰写，第五章、第十一章由姜姗撰写，第六章由谭萍撰写，第七章由于宝撰写，第八章由袁欣撰写，第九章由宫树华撰写，第十章由李亮靓撰写，全书由杜婵统稿。数字化内容的编写分工同纸质教材。本书在编写过程中还借鉴和参考了一些专家和教授的理论和成果，并直接引用了一些文献资料以及创新创业的经验和案例，这里不能一一注明，在此向各位专家致以衷心的感谢！

　　由于编者水平和研究能力所限，书中难免有不足之处，恳请专家、学者和同学们提出批评意见和宝贵建议，以便我们进一步的修订和完善。

《大学生创新创业素质》编委会

2022年5月

CONTENTS **目录**

上 篇

下　篇

上　篇

第一章 新时代创新创业教育基本认知

学习目标

知识要求：

1. 掌握创新与创业的含义、二者之间的关系。
2. 熟悉大学生创新创业教育目标和内容。
3. 了解中医药院校创新创业教育现状。

能力要求：

1. 能够理解创新、创业的概念。
2. 学会通过了解中医药院校创新创业教育现状提升创新创业素养。

🍏 思政课堂

传承精华，守正创新

"传承精华，守正创新"，这是我们随时都应牢记在心的重要指示。正确处理传承与创新的辩证关系，关系到中医药发展的前途和命运。

在2016年的博鳌亚洲论坛上，在谈到中医药国际化问题时，我国重申了"创新、协调、绿色、开放、共享"的五大发展理念，而创新是推动中医药发展的动力。有中医专家指出："中医产生于临床、植根于实践、服务于需求，没有对社会发展大势的思考，社会需求就会把握不清，健康需求就会把握不准。"目前，中医药面临着传承和创新不足的局面，这严重制约了中医药的发展。传承就是保护根，没有传承，我们无法弄清事情的真相；创新是为了提升，没有创新，我们就跟不上时代。唯有秉持"传承不泥古，创新不离宗"的原则，在传承中创新，在创新中传承，才能促进中医药高质量发展。

第一节 创新创业教育概述

一、创新与创业的含义及其相互关系

（一）关于创新

1912年，"创新理论"的鼻祖、美籍奥地利经济学家约瑟夫·熊彼特在其《经济发展概论》中指

出：创新是把一种新的生产要素和生产条件的新组合引入生产体系，并通过市场获取潜在的利润的活动和过程。这种新组合主要包含五种情况：一是开发新的产品，二是采用新的生产方法，三是开辟新的市场，四是采用一种新的原材料，五是实现新的工业组织。根据熊彼特的相关界定，创新就是打破经济体系运行过程中循环往复的均衡状态，将经济体系中的一部分生产要素进行重新组合，只有这种要素的重新组合才能称为"经济发展"，并能够通过垄断地位获取利润。2009年，现代管理学之父、美籍管理学大师彼得·德鲁克则在其所著的《创新与企业家精神》一书中发展了熊彼特的创新理论，认为创新是赋予资源以新的创造财富能力的行为。凡是能够使现有资源的财富生产潜力发生改变的事物都足以构成创新，创新就是要改变资源的产出，通过改变产品和服务，为客户提供价值和提高满意度。

从熊彼特和德鲁克的概念界定可以看出，创新的本质是通过要素资源的重新组合，获取一种垄断地位，提升核心竞争力。随着社会发展，人们从事着技术创新、产品创新、过程创新、营销创新、市场创新、制度创新、体制创新和金融创新等一系列创新活动，把这些创新活动看作是一个系统和整体，从而形成"国家创新体系"。党的十九大报告提出"加快建设创新型国家"，明确"创新是引领发展的第一动力，是建设现代化经济体系的战略支撑"。在中国特色社会主义进入新时代的今天，站在新的历史方位上，创新的本质是进取，是不断地推动人类命运共同文明进步。

（二）关于创业

广义上，创业是指创造新的事业过程，即主动并带有一定风险性质的重新配置并运用社会资源进行社会实践的主体活动。创业具有三重属性：①主动性。创业是活动主体主动进行的实践创造。②重组性。创业是对社会资源的重新组合和配置。③风险性。创业具有一定的风险，需要付出较大的艰辛，也可能会遭遇磨难。

狭义上，主要是指个人或者团体依法登记设立企业，以营利为目的地从事有偿经营（生产、加工、销售、服务、分销或组合）的商业活动。大学生自主创业是指狭义的创业，它是指大学生毕业后不是通过传统的就业渠道谋取职业发展，而是利用自己所学知识、才能和技术，以自筹资金、技术入股，寻求合作等方式开办企业，从而为自己及社会上更多的人创造就业机会的过程。

本书认为，创业是指承担风险的创业者，通过寻找和把握商业机会，投入已有的技能知识，配置相关资源，创建新企业，为消费者提供产品和服务，为个人和社会创造价值和财富的过程。这个概念包括以下几层含义。

（1）创业是一个创造的过程，创业者要付出辛勤的努力甚至沉重的代价。

（2）创业的本质在于商业机会的充分发掘和有效利用。

（3）创业是开创新业务或开拓新市场，创建新组织。

（4）创业的潜在价值需要通过市场来体现。

（5）创业以追求回报为目的，需创造价值。

创业涉及创新、变革，新产品与服务开发，新企业经营管理，以及促使企业可持续成长等，具有风险性。创业活跃程度取决于个体创业意愿的高低。识别与开发机会能力和企业经营管理能力取决于创业者对创业管理知识素养的掌握情况。大学毕业生是否具有创业能力，选择什么行业创业，下面的小测验，可能会给你一些启迪。

🏫 **课堂互动 1-1**

从点菜看你是否适合创业

当你和朋友到一家饭店或酒店里用餐，你点菜时通常是：

A．不管别人，只点自己想吃的菜　　　B．点和别人同样的菜

C．先说出自己想吃的东西　　　　　　D．先点好，再视周围情形而变动

E．犹犹豫豫，点菜慢吞吞　　　　　　F．先请店员说明菜的情况后再点菜

答案解析

美国创业教育之父蒂蒙斯，在创业模型里提出了三大核心要素：创业机会、创业者及其创业团队、创业资源。创业者及其创业团队是创业活动的主导者，创业机会是创业活动得以开展的核心驱动力，创业资源则是创业活动的必要保证。在创业过程不断推进中，机会、资源和创业者三者必须不断地进行动态调整，互相匹配、平衡，期间可能需要不断变化、需不断去适应，创业活动实际上是三个要素之间的相互作用。

随后，管理学上认为创业的基本要素包括创业者、商业机会、技术与资源、资金、人力资本、组织、产品服务等几个方面。

我们将创业活动与医疗活动进行比较，两者实际有很多相通之处。患者的到来是驱动医生工作的动力；有时一位医生的诊疗能力有限就需要召集多位专家会诊，形成诊疗团队，诊疗团队是医疗活动的主体，肩负着使病人康复的使命；一切诊疗活动都要建立在医疗资源基础上。三者缺一不可，而又动态均衡。

（三）创新与创业的关系

1. 创新是创业的手段和基础　创新是创业者实现创业的核心，是创业的重要手段。创业者只有通过创新，才能使所创的企业生存、发展并保持持久生命力。尤其是大学毕业生创业，更需要创新，要有创新意识、创新思维、创新技能和创新品质，如果没有创新，整个的创业链条就会断裂。创业精神既是创业者必须具备的品质，是创业者的一种内在品质，也是创新的一种具体表现。

2. 创业是创新的载体　创新是一种理念，是对人的发展总体的把握，创业是对人的价值的具体体现，创新的成效只有通过创业实践来检验。仅具备创新精神是远远不够的，它只是为创业成功提供了可能性和必要的准备，如果脱离了创业实践，缺乏一定的创业能力，创新精神也就成了无源之水、无本之木。创新精神所具有的意义，只有作用于创业实践活动才能有所体现，才有可能最终产生创业的成功。创新与创业要有机融入，相辅相成。

3. 二者密切联系，相辅相成　创业与创新立足于"创"，"创"是共同点，是前提。"创"的目的是出新立业。创新在于所创之业、产品、机制、观念等能不能弃旧扬新，标新立异，尊重与推行人民群众的首创精神，能不能适应时势变化，做到解放思想，实事求是，与时俱进，常变常新，推动社会前进；没有创新，创业就无从谈起，创新和创业是密不可分的实践活动。在创业过程中，新产品的开发、新材料的采用、新市场的开拓、新管理模式的推行等，都必须有创新思维作先导。最后，创业才能成功。没有创新思维与创新决策，就无法开创新的事业；没有创业实践，创新意识就无法转化为新的产品，创新就失去了意义。创新不是蛮干，是巧干；不是凭空想象，而是源于对知识的掌握，对现实的了解，对事物客观规律的准确把握。创新与创业是相辅相成的，无法割裂的关系。

总之，创新、创业是两个紧密联系，密切相关的概念。一方面，创新是创业的基础和前提，其核心

和本质是为创业服务的。而创业是创新的载体和外在表现形式，是创新的目的与归宿，是将创新成果推向市场的重要路径，反过来也会推动创新。创业成功与否大多取决于创新的程度，所以从这个意义上来说，创业就必然需要创新，但创新不一定是创业。创业与创新水平是反映一个国家和地区经济活跃程度及发展后劲的重要指标。

二、大学生创新创业教育内涵、目标及内容

（一）大学生创新创业教育内涵

创新创业教育的概念，源自联合国教科文组织在1989年面向21世纪教育国际研讨会上提出的一个全新理念，即"事业心和开拓技能教育"，此后被我们引申为创新创业教育。从广义上来说，是创造一种开展新事业的教育；从狭义上来讲，是一种创造新职业、新工作岗位的教育。这种教育的内涵是要培养受教育者的事业心与开拓能力，目标是培养具有创新创业意识、创新创业思维、创新创业能力和创新创业人格的高素质应用型人才，即培养受教育者适应社会生存和发展的能力，以及掌握自我创业的方法和途径。

因而，创新创业教育是一种主体性教育，是种更高层次的素质教育，注重开创性、个性发展，以培养和提高人的创新精神和创业能力为主，以形成创新创业基本素养。加强创新创业教育，符合大学生成长成才的需要，一是有利于帮助大学生更新就业思路，转变就业观念，树立创新精神，强化创业意识；二是有利于帮助大学生掌握创业方法，养成克服困难，承担风险的心理和意志；三是有利于帮助大学生积累实践经验，增强实践能力，增长实践本领，为成长成才奠定扎实的基础。随着一系列鼓励就业创业政策的出台，我们的大学生将在人生事业的征途上创造辉煌的业绩，实现自己的人生价值。

（二）创新创业教育发展阶段

高校创新创业教育基本上可以分为"创业""创业教育"和"创新创业教育"三个阶段。

1. 创业阶段（1999~2006年） 1999年，中国高等教育开始扩招，背景之一，是新增劳动力就业问题凸显。在当时毕业生分配体制下，国家鼓励毕业生自主创业。2003年，国家提出"鼓励高校毕业生自主创业和灵活就业"政策，使其力度更大，措施也更为具体。此后，2004~2006年，国家在鼓励、支持毕业生创业方面的工作力度不断加强，又出台了一些具体保障措施。在此阶段，国家鼓励毕业生"自主创业"并提供支持，其背景和目标是毕业生就业压力大，要解决毕业生就业问题，希望以创业实现就业，同时积极引导毕业生树立自主创业意识。

2. 创业教育阶段（2007~2009年） 随着毕业生创业工作不断推进，认识不断深化，需逐步认识到：①创业不仅具有解决就业的功能，创业成功还可以新增就业机会；②要创业成功，仅鼓励、引导和支持毕业生创业是不够的，还要培养学生的创业意识，创业精神和实际的创业能力，必须把创业和教育结合起来，实施创业教育。因此，2007年国家提出实施"高校毕业生创业行动"，促进以创业带动就业，要求各高校"以多种形式开展创业教育"，倡导创业精神，培养创业能力。创业教育工作已经由当初的被动寻找和自发行为，变为主动选择和自主行为。同时，创业教育范围由就业层面进一步拓展到创业层面，主体由毕业生扩展到在校大学生。该阶段创业教育内涵已经发生深刻变化，"创业"和"教育"融合到一起成为创业教育，进行创业教育，不仅要以创业促进就业，更要培养学生的创新精神与创业能力。

3. 创新创业教育阶段（2010年至今） 该阶段经济转型升级，国家确立创新驱动发展战略，"大众创业、万众创新"也成为时代的必然选择。在经济新常态下，"双创"所强调的普通民众对创业和创新

活动的广泛参与，对于支撑和改善经济发展仍具有重要现实意义。因此，高校创新创业教育目标已大大超越前期以创业实现就业和以创业促进就业的目标，已然成为国家按照"四个全面"战略布局，坚持改革推动，加快实施创新驱动发展伟大战略的重要组成部分。

（三）大学生创新创业教育的目标和内容

1. 大学生创新创业教育的目标　作为继学术教育、职业教育之后的"第三本教育护照"，创新创业教育是世界教育发展的趋势和方向，也是21世纪中国高等教育改革的重点和必然选择。创新创业教育提倡探索精神的培养，强调在学习实践过程中善于发现新鲜事物、运用新方法，鼓励开发创造的潜能，提高学生灵活运用所学知识创造性地解决问题的能力。因此，大学生创新创业教育的目标是要培养大学生基本的创新创业素质，以弘扬人的主体精神、个性和潜能的开发为宗旨，促进大学生创新创业能力教育发展体系的构建，营造一个有利于创新创业教育全面实施的全民教育和终身教育的环境。

2. 大学生创新创业教育的内容　创新创业教育内容非常丰富，主要包括创新教育、创业教育、心理教育和专业教育等。在教育的方式上多种多样，可以通过课堂教学、校内实践和校外拓展等。与此同时，还要提供学生创新创业咨询、信息服务和相关的技术支持，为大学生设立创新创业扶持资金、专项基金，搭建各种科研平台等，并对大学生开展有针对性的创新创业课程培训和实训，提供创新创业场所和基地。

（1）创新创业观念教育　创新创业观念属于思想范畴，是对创新创业的目标、意义以及行为的理解和认知。大学生创新创业观念教育可以帮助学生提高对创业的认识，避免走入创新创业误区，引导学生积极主动思考毕业后就业和择业的方向。我们需要帮助大学生更新"大学生是天之骄子"的思想观念，避免"守株待兔"式被动就业，避免出现守业型教育与知识经济时代对人才需求的不适应，甚至背道而驰的现象。

（2）创新创业意识熏陶　创业意识是指人们从事创业活动的强大内驱动力，是创业活动中起动力作用的个性因素，体现了人对创新创业活动自觉的反映。创新创业者的行为会受到个人心理意识的影响，是创新创业活动的根本原因。大学生创新创业意识教育属于普及化程度的教育，旨在对学生进行商业知识扫盲和树立理想目标。只有形成了创新创业意识，才具备创新创业行动的思想基础。如果将其外延扩大，也可以理解成"开拓意识"，也就是通俗意义上所说的"闯劲"。结合当前大学生创新创业现状，大部分地区创新创业文化和氛围还有待加强，在创新创业教育的初期，培养全体学生的开拓意识，对提升整个社会的创新创业观和建设创新型国家具有重要的意义。

（3）创新创业素质提升　大学生创新创业教育不仅仅是获取知识，更重要的是具有创新发展思维的能力，提升创新创业素质。大学生要迈出创新创业的第一步，就需要具备良好的创新创业素质。创新创业素质包含了政治思想素质、道德素质、心理素质、技能素质以及身体素质等。政治思想素质事关创新创业者努力的方向和效益取向，道德素质对创新创业的行为起到规范作用，心理素质表现为对创新创业面临的风险和困境的反应态度和压力的承受程度，技能素质关系到创新创业成败的结果，而身体素质是做好一切创新创业工作的前提和基础。

（4）创新创业能力强化　创新创业能力是创新创业型人才所应具备的核心素质，是指在面对不同的创新创业环境，创新创业者具备开展创新创业活动，圆满解决创新创业过程中的问题，并确保创新创业活动取得成功的本领。本书认为创新创业教育中应主要对创新创业者强化培养的能力包括：创新创业认知能力（认知环境、自我和把握机会的能力）、专业职业能力（经营管理，科技运用，分析、解决问题，应变能力等）、社会能力（社会交际和适应能力）等。

（5）创新创业心理品质塑造　健康的心理品质是创新创业成功的主要条件。创新创业心理品质，即在创业实践活动中对人的心理和行为起调节作用的个性意识特征，也就是我们常说的情感与意志，主要包括创新创业相关的人格方面的心理素质，以及情感过程与意志过程等。在大学生创新创业教育过程中，要针对大学生心理脆弱、素质缺陷等问题，重塑大学生敢于面对风险，经得起挫折和打击，善于与人合作，稳重待人处事等心理品质。

（6）创新创业精神激励　创新创业精神是创新创业者在创新创业活动过程中所表现出来的勇于进取、开拓创新、艰苦奋斗、勇担责任、团队合作等精神品质。美国研究者经过30年追踪，研究了800人的成长历程，发现成就最大的20%与最小的20%最明显差异，就在于个性特质的影响，高成就者具有自信、果敢、进取心、坚持、不怕困难等特征。因此，要培养大学生在创新创业路上取得成功，就必须鼓励大学生树立开拓创新与敢为人先的精神，鼓励大学生学会自我发展和自我管理。

（7）创新创业综合知识构建　阿基米德说："给我一个支点，我就可以撬动地球。"知识就是创新创业的支点。没有或者仅有单一的知识，单凭能力和热血，创新创业是不可能成功的。创新创业活动是一项系统工程，涉及多领域、多学科的知识范围，创新创业者必须根据创新创业活动的需要构建综合知识体系。创新创业综合知识体系应该包括与创新创业活动相关的专业知识、技术知识、经营知识、管理知识和法律知识等，如对基本政策法规、税收制度、市场环境等内容的分析，以及经济核算方法、企业经营管理特点、商务谈判技巧、公共关系运作等要素的手段、方式、途径等各方面的综合内容。

（四）大学生创新创业教育的特征

创新创业教育作为种全新的教育理念和教育模式，它有着其自身与传统教育无可比拟的优越性。其显著特征如下。

1. **系统性**　每一位大学生的背后都寄托着一个家庭的殷切希望，大学生的教育关乎千千万万家庭的幸福，寄托着社会各界乃至整个国家发展的希望与期盼。教育部颁发的相关文件强调，要把创新创业教育纳入高等学校专业教育和素质教育体系，制定教学计划和学分体系，把创新创业教育课程建成多层次、立体化的教育教学体系。可以看出，创新创业教育是一个复杂而庞大的系统，它需要将理论和实践结合起来，通过各种可利用的教育方式，提升创新创业素养，并且需要在不断探索中前进。它的内容涉及社会、经济和文化各个层面的交叉，它的实施不仅需要高校的教育教学，而且需要社会各界的支持与理解，只有这样，它的科学系统性才能发挥良好的效果。

2. **实践性**　如何用最简捷的办法让学生了解创新创业的流程、知识、技巧以及通常遇到的一些问题，准确把握有的放矢，教学实践活动必须要改革传统的，以教师为主的教学模式，让学生成为创新创业教育的主体，增强实践锻炼。因此，在人才培养的过程中，应更多地为学生搭建实践性创新创业平台，全面推广实践教学，在实践过程中掌握创新创业的本领，尤其强调大学生社会行动能力的培养，能在实践中学到书本上没有的社会生存和处事法则，让学生尽快适应和融入社会生活。加强社会实践活动是创新创业教育的一个重要环节，通过社会实践，受教育者能更好正确地面对社会现实，并根据社会需要提高相关职业能力和自身的素质。

3. **先进性**　创新创业教育是种前沿性全新理念，它的提出和发展史并不长，在世界范围内也还没有一个完整的模式可供参考，在实践中更没有一个统一的样板可供借鉴，需要我们不断去探索。创新创业教育所瞄准的是未来教育发展的趋势和需要，其实是对社会环境提出了更高的要求，因此，创新创业教育紧扣时代脉搏，发展了创新型国家理论，体现了时代精神，是一种先进的、科学的、全新的教育理念和模式。

4. **灵活性**　相比于其他教育模式而言，创新创业教育没有一个固定的模式，实现的途径和方法灵活多样。创新创业教育是以市场为导向，以能力培养为目标的教育。新颖的形式、鲜活的内容、恰当的实训、创业的思考等都可以灵活运用。教育活动中素材的选择和应用会随着环境的不同而变化，在实践中为适应不同层次的需要所产生的价值也会不同，从而能较好地满足不同学生的学习需要。创新创业教育可以培养锻炼学生各方面的能力，要灵活设计教学环节，采取多种多样的教学手段，因地制宜，因时制宜，做到个性化教育。

第二节　中医药院校创新创业教育现状

一、中医药院校创新创业教育的重要意义

党的十九届五中全会《建议》中将健康中国上升为国家战略，提出"要为人民提供全方位全周期健康服务"的大健康观，而医药健康产业作为实施健康中国战略的重要力量，其发展前景相当广阔。目前，中医药事业迎来了天时、地利、人和的大好发展时机，作为培养中医药事业接班人和建设者的高等中医药院校开展创新创业教育还有其特殊的意义和使命。

（一）中医药事业的传承创新需要培养一大批中医药创业者

中医药高等教育经过60余年的发展，为社会培养了一大批专业技术人才和研究型人才，为中医药事业的发展传承做出了巨大贡献。中医是中国传统医学，凝聚着中华民族几千年的智慧和健康理念。"传承精华，守正创新"，是中医药工作的行动指南。中医药专业的学习更注重继承与创新。继承和创新的辩证理论认为，继承和创新两者之间是内在的对立和统一，它们相互依存、相互作用，并在一定的条件下相互转化。继承是创新的基础，创新是继承的发展。现代中医药人才的培养目标，除了继承，更要有创新，创新是中医药向前发展的动力。因此将创新精神和创业能力的培养贯穿于整个人才培养的过程中，能更有效地促进中医药理论的传承与发展。然而，分析全国各地区中医药事业发展的现实情况，全国众多地区的中医药企业和中医药医疗单位主要负责人却不是中医药专业学历背景，不难看出，还急需一批能够引领中医药事业发展、具有创新创业能力的创业者。因此，中医药院校创新创业人才培养急需摆上重要日程。

（二）中医药健康产业的快速发展急需提升学生的创新创业能力

随着人们健康观念的转变和国家推行"健康中国"战略、"一带一路"倡议、中医药法实施等，人们对于预防保健的需求日益增长，中医"治未病"的理念和健康生活方式越来越受人们的推崇。当前，中医药事业站在新的历史起点上，承载着更加重大的责任使命，中医药大健康产业作为一种具有巨大市场潜力的新兴产业，将迎来巨大的发展空间与机遇，特别是中医师开设诊所实行备案制的启动，可以预见未来将产生大批独立开设中医诊所、中医馆、健康养生中心等机构的中医药大学生或大学毕业生创业群体。因此，急需一大批具有创新创业能力的中医药人才，中医药高校开展创新创业教育可谓正当时。进行创新创业教育能够基于中医药专业的特点，有助于学生实现专业领域的创业，有利于培养创新型中医药人才，促进中医药产业的发展。

（三）中医药专业大学生的就业形势严峻急需缓解社会就业压力

中医药类院校学生目前的就业形势不容乐观，大多数岗位慢慢趋向饱和，许多大学生"毕业即失业"的现象屡见不鲜。鉴于此，积极开展大学生创新创业教育，鼓励大学生自主创业不仅能解决其本身

的就业问题，还能帮助缓解社会就业压力。

中医药专业学生应结合专业知识，从中医药文创、中医结合健康科普、人工智能与新医药健康技术、"健康中国"战略下政策与产业发展要点、健康养老中的心理服务等多个专题开拓新时代医药健康创新创业的视野。

二、中医药院校创新创业教育的发展现状

我国高校开展创业创新教育时间较晚，1998年大学生创业计划大赛首先在清华大学开展，成为中国高校实施创新创业的发端。紧接着，首届"挑战杯"全国大学生创业计划竞赛于1999年在清华大学成功举行，掀起了全国高校创新创业的热潮。中国高校创新创业教育走过了一条政府驱动的快速发展之道，政策导向经历了从"以创带就"到"大众创业、万众创新"的发展过程，创新创业成为驱动经济社会发展的动力引擎。现如今，国家高度重视大学生创新创业教育，大力支持大学生自主创业，在大学生创新创业方面出台了较为完整、多元的政策方针，营造了适合大学生创新创业的良好的社会环境。

现阶段我国中医院校创新创业教育还处于探索发展阶段，创新创业教育理论课程及实践形式尚处于摸索状态，主要发展项目在如下几个方面。

（1）组织大赛推动创新创业教育的发展。部分中医药院校积极组织各种创新大赛、创业大赛，通过比赛激发大学生的创新创业潜能和兴趣，动员更多学生积极主动参与大赛，以此带动创新创业教育的发展，如"挑战杯"大学生创业计划大赛、"互联网+"创新创业大赛等。

（2）构建多元化创新创业教育课程体系。创新创业教育课程的设置要满足理论课程与实践课程有机结合，同时满足学生的需求及兴趣爱好，建立的课程体系要呈现出多层次、全方位的内容结构。

（3）建立联合创新创业实践基地。部分中医院校联合企业，在政府的扶持下，充分利用人力物力资源建设药谷科技园区、创业孵化基地、大学生创业园等创业基地，同时搭建训练中心、创新创业实验室等实践平台。

中医药院校大学生创新创业教育需要贯穿创新理念，拓展具有中医药特色的创新创业教育途径，充实创新创业教育内容，丰富创新创业教育形式，筑牢创新创业教育课程体系的主阵地，增强校园创新创业活动的实践特性，为人类生命健康安全培育出更多德智体美劳全面发展、适应时代和社会需求的中医药创新型人才。

三、中医药院校创新创业教育存在的问题

（一）学生创业意识薄弱，创业意愿淡薄

中医药专业大学生创业意识薄弱，参与创新创业热情低。医学院校课程专业内容多，学业压力大，在学习方面需投入高成本和精力，学生没有强烈的兴趣参与创新创业。有研究表明，在传统就业观念的影响下，中医药院校大学生创业意识和创业行为都较弱。即使在就业严峻的形势下，大部分学生仍期待毕业后寻求一份安稳工作，将创业作为自己找不到工作的后备选择。对创新创业感兴趣的学生也存在难以将专业特色和创新创业结合起来的问题，难以将所学专业知识有效转化为创业优势，不能将中医药优势和其他学科领域的知识结合起来。

（二）知识结构的不均衡，创新创业综合素养缺乏

如果只掌握医学相关知识，可以成为一名合格的医生，但是绝对不可能成为一名合格的创业者。创

业者要想顺利地开展创业活动需要具备除专业素养之外的综合素养，如法律知识、财务知识、管理知识，需要具备语言表达能力、领导能力、整合资源能力、洞察能力、经营管理能力等。单独一门创业基础课程很难深化相关知识，中医药专业学生的课程学时已经接近饱和，再想加入人文素养类综合课程难度较大，现有的课程结构，不利于形成创新创业所需的综合素养。

（三）教育体系不够完善，难以形成合力

中医药院校创新创业教育起步较晚，大多数中医药高等院校创业教育理念相对滞后，缺乏顶层设计和执行机构，部门间职责分工不明晰，导致在创业实践方面难以实现资源整合，缺乏战略性长远规划。在课程体系建设方面，缺乏科学权威的教材以及合理的课程设置，创业教育理论课程设置多，实践课程少，创新创业教育与专业教育融合课程较少，学生对创新创业教育的理解不深刻。在师资队伍建设方面，当前主要负责创新创业教育工作的教师多来自招生就业处等，缺乏专业创新创业教育系统的培训，虽能常请校外创业人士开展讲座，但参与学生受限，持续稳定性低。在人才培养模式方面，许多高校并未形成完善的创新创业型人才培养模式，尽管已经依托部分科研项目在某专业或某学院开展了创新创业型人才培养模式的探索，但完善的人才培养模式、惠及整体学生的人才培养模式少见。

四、中医药院校创新创业教育提升路径

（一）大力弘扬文化自信，创新创业教育润物细无声

将中华优秀传统文化和中医药文化融入高校创新创业教育，从课程建设、专业建设、创新创业项目等方面传承和发扬中华优秀传统文化的核心思想理念、中华传统美德和中华人文精神，加强对中华优秀传统文化中创新创业内容、价值的研究和挖掘，不断丰富创新创业教育内涵。利用校园广播、校园网、校报、电视台、微博、微信等媒介的舆论主阵地、主渠道，营造浓郁的校园文化氛围，学生通过在课堂内外、线上线下教育平台掌握更多、更丰富的中华民族优秀传统文化和中医药文化专业知识和技能，充分发挥实现中医药文化传承创新发展。

（二）充分运用信息化手段，实施"互联网+中医药"模式

"互联网+中医药"模式是国家积极引导和支持的医疗发展模式，是互联网在医药行业的新应用。它包括以互联网为载体的健康教育、电子处方和其他形式的健康医疗服务。"互联网医疗"代表了医疗行业新的发展方向，有利于解决医疗资源不平衡和人们日益增加的健康医疗需求之间的矛盾，是未来发展的趋势。中医药院校的创新创业的内涵丰富，一方面要提供良好的环境和硬件设施，打造基于"互联网+"的创新创业平台；另一方面中医药创新创业项目的核心是中医药文化和技术，但只有将其与先进的信息技术结合，才能更好推广与应用，造福于人类健康生活。

（三）专业教育与创新创业深度融合，助力中医药创新创业教育

中医药创新创业教育是培养更多有中医药背景的复合型人才，在专业教育同时，课程内容设计应涉及创新创业意识培养、企业管理等内容，指导学生了解与创业有关的国家政策法规，以此来扩大学生知识视野，能够引导学生树立正确的人生观、价值观、成才观、创业观。同时，中医院校创业教育要立足专业优势，积极整合资源，建设具有中医药特色的创业教育。利用"挑战杯""创青春""互联网+"等创业比赛，激发创新创业氛围，并采取各种方式，以创新创业计划训练项目的形式，通过创新创业课堂教学、实践、采风、创作等环节，提升学生创新创业的综合素养，进一步夯实创新创业教育的基础。

课堂互动 1-2

在国家创新驱动发展的大背景下，中医药院校积极响应号召，深入开展创新创业教育，通过组建创业导师团队、开设创新创业课程、建设产业孵化基地、校企共建创业实训基地、组织和引导学生参加各级各类创新创业比赛等方式，营造了良好的创新创业氛围。但由于大学生创业素养欠缺，导致其创业参与度和成功率都偏低。中医药院校在创新创业素养培养过程中存在四个方面的问题：一是忽视思政元素导致学生创业根基缺失，二是专业教育与创新创业教育分离导致创业驱动力有限，三是创业理论和实践脱钩导致创业能力缺乏，四是忽视创业心理建设导致创业实效偏低。

作为一名中医药专业的学生，你希望学校从哪些方面帮助学生提升创新创业素养？

答案解析

目标检测

答案解析

一、单项选择题

创业最确切的定义，应该是（　　）

A. 开创事业　　　　　　　B. 挖掘自身潜力、整合周围资源、体现自身价值的一个过程

C. 辞职下海　　　　　　　D. 不拘泥于当前资源约束，寻求机会、进行价值创造的行为过程

二、多项选择题

1. 创业精神的本质是（　　）

A. 创新精神和主动精神　　　　　　　　B. 一种可被激发的潜能

C. 与生俱来的特质　　　　　　　　　　D. 可以培养和提高的一种素质

2. 创业具有三重属性（　　）

A. 主动性　　　　B. 重组性　　　　C. 风险性　　　　D. 无偿性

3. 大学生创业理念主要包括哪些关键要素？（　　）

A. 创业精神　　　B. 创业素质　　　C. 创业生涯　　　D. 创业知识

4. 熊彼特的创新理论包括哪几种情况？（　　）

A. 产品创新　　　　　　B. 技术创新　　　　　　C. 市场创新

D. 资源配置创新　　　　E. 组织创新

5. 大学生创新创业教育的特征（　　）

A. 系统性　　　　B. 先进性　　　　C. 实践性　　　　D. 灵活性

三、简答题

简述创新与创业的关系。

（熊　娟）

书网融合……

知识回顾　　　　微课　　　　习题

第二章 | 创新思维与创业团队的培养

PPT

学习目标

知识要求：

1. 掌握创新思维的概念、特征、类型以及创业团队的概念。
2. 熟悉培养创新思维的方法和创业团队的组建、管理。
3. 了解常见的思维障碍和中医药院校学生创业中的常见问题。

技能要求：

1. 能够在日常学习中主动培养创新思维。
2. 学会组建创业团队，管理团队。

思政课堂

中医药创新项目获得国家科学技术奖

2019年度国家科学技术奖共评选出296个项目和12名科技专家，中医药界6个项目获奖，其中1个项目获2019年度国家科学技术进步奖一等奖，5个项目获2019年度国家科学技术进步奖二等奖。2020年度国家科学技术奖共评选出264个项目、10名科技专家和1个国际组织，其中，2个中医药相关项目获2020年度国家科学技术进步奖二等奖。

近年来中医药在守正的基础上进行创新，做到了"继承不泥古，创新不离宗"，既不因循守旧，唯古是从，又不以西律中、削足适履。现代中医药以传统中医理论为主导，以现代科技为手段，以跨界融合为舞台，在理、法、方、药四个方面进行创新，在护卫人类生命安全与健康中做出了巨大贡献。

第一节　中医药院校学生创新思维的培养

在我国的整个医药体系当中，中医药是一个十分关键的构成要素，其中所包含的内容广博而深厚，中国传统医药历经几千年的传承和积淀，集合了养生保健、疾病预防和疾病治疗的基本理念，并将这些理念广泛运用于实践活动当中。国家的高度重视以及中医药自身优势亮点的发挥，都让中医药面临着更为良好的发展契机。在我国中医药现代化发展的过程当中，将中医药传统精华与现代科学技术结合，是促进中医药持续发展、高质量发展的必要途径。中医药院校学生是中医药事业发展的人才支撑，不仅要注重学习中医药经典理论和中医药临床实践，更需要培养创新思维，将传承与创新相结合，成为具有扎实理论基础、实践能力和创新能力的中医药特色人才。

一、创新思维特征及类型

（一）创新思维的概念

创新思维的概念由美国心理学家吉尔福特较早提出，是一种结合与重组过去经验的思维活动，将这些思维活动应用到已知的问题当中，最终提出各种解决方案，经常在新模式、新结构和新组合方面发挥重要作用。我国心理学家彭聃龄将创新思维描述为创造性思维，指重新组织已有的知识经验，提出新的方案或者程序，并创造出新的成果的思维活动。可见学界虽然对创新思维的表述不同，但从内涵看，所谓的创新思维指的就是人们在问题解决和处理的过程当中采用更为新颖、更为独特的观点和理念，打破传统思维的局限和制约，从一种全新的角度去进行问题的思考，获得新颖独创的解决方案。在创新的整个维度上来看，创新思维的发展是关键支撑。创新思维的核心本质在于用新的角度、新的方法来进行问题的解决。借助于这种方法的实施，能够拓展人类理解的新范畴，可以让人们在更多未知的领域去进行探索和创造，建立新观念、创造新学说，提出新方案。

（二）创新思维的特征

1. **思路的新颖性**　又称为"独创性"，创新思维通常是不盲从、不满足已有方法的，从而显现出首创性和开拓性。正如一位英国科学家所言："科学研究工作就是设法走到某事物的极端而观察它有无特别现象的工作"，创新思维勇于突破常见的现象和被广泛认可的权威结论，不束于常规，不迷信权威，对于任何一种事物都敢于提出质疑，在思维过程中能推陈出新，独树一帜，善于提出新的观念，善于想象新的形象。

2. **想法的流畅性**　具体来说，流畅性的程度以是在固定的时间范围之内产生想法的多少作为判断标准的。创新思维一般反应快，想法多，能够在较短的时间里归纳总结创新出很多新想法，在反应速度和思维的丰富程度方面都有很好的表现。

3. **视角的灵活性**　外界环境不断变化，创新思维的表现也会随之产生一定的变化，能够打破固定思维的局限和束缚，敢于和善于变通来解决问题。

4. **程序的非逻辑性**　创新思维一般是超越常规思维逻辑，具有跳跃性，它超越一般逻辑思维的指导原则和实际进程，甚至出现逻辑程序无法说明和解释的情况，创新思维常常伴随着直觉顿悟、灵感和想象。

5. **思维效果的整体性**　创新思维与社会环境是密切联系的，在社会实践的基础上产生，思维成果也作用于社会实践。要想真正的发挥创新思维的积极作用，就要和外界的社会环境进行高度的整合，思维成果也能够扩大和展开，在整体上带来价值的更新。

（三）创新思维的类型

1. **发散思维**　发散思维指的是大脑在进行问题思考的过程当中打破常规的局限，从不同的角度去探寻更多的可能性。其体现的特点是思想视域宽广，思维呈现出多维发散状。运用发散思维的人在思考研究和探讨问题时习惯把思路扩散出去，并且能够基于多层次和立体化的角度去打破制约，延伸思维，取得创新的效果。我们可以运用"一题多解""一事多写""一物多用"等方式，训练培养发散思维能力。

曲别针的一万种用法

1983年，在广西南宁召开全国创造学首届学术研讨会。被邀请的外国专家连续讲了3个半天，讲得很有魅力。会上，他捧来一把曲别针让大家说曲别针的用途，看谁创造性思维开发得好，多而奇特。一些与会代表踊跃回答，大约说了二十几种。人们问专家能讲出多少种，专家的回答是300种。人们很惊讶，不由得佩服这个人聪慧敏捷的思维。台下与会的许国泰先生给专家递了一张纸条："对于曲别针用途，我能说出三千种、三万种！"大家都难以置信。徐国泰先生讲解到："曲别针的用途可用4个字概括。这就是：钩、挂、别、联，其实远远不止这些。我把曲别针的总体信息分解成重量、体积、长度、截面、弹性、直线、银白色等10个要素。再把这些要素，用根标线连起来，形成一根信息标。然后，再把与曲别针有关的人类实践活动进行要素分解，连成信息标，最后形成信息反应场。通过两轴推出一系列曲别针在数学中的用途，如：把曲别针分别做成1、2、3、4、5、6、7、8、9、0，再做成+、-、×、÷的符号，用来进行四则运算，运算出数量，就有一千万、一万万……实际上，曲别针的用途是接近于无穷的！"（应明阳.中国思维魔王.北京：今日中国出版社，1997）

2. **逆向思维**　逆向思维指的是将既定的结论或思维方式予以否定，而采用新的思维方式进行思考探究，从而得到新的认识的思维方式。运用逆向思维的人在思考和解决问题时，思考的方式和角度会与一般习惯不同，甚至会采用相反的方向进行思考、分析，敢于冲破传统观念。

3. **形象思维**　形象思维指的是将事物的具体意象、图形等形象化的内容作为思考对象的思维方式，其最核心的特点就是直观性和整体性，在人类认识和反映世界的过程中发挥着重要作用。在运用形象思维的过程中，能够对多种信息进行全面整体的加工，是一种比较典型的平行加工过程，也可以将其看成是一种立体化的加工过程，可以更好更快地从整体上把握问题。除此之外，形象思维更关注的是对已有形象的再加工和再创造，借助于形象思维的加工和整理，能够让更多的新产品和新形象得到输出和创造，具有创新和创造的更大可能。因此人们常说，创造能力越强的人通常想象能力就越丰富。

4. **灵感思维**　灵感思维指的是人们在进行科学研究或者是科学创新的过程当中突然涌现出来解决当前难题的想法或者创意的一种思维模式。灵感是之前从来没有出现过的一些新思想和新想法，是人类大脑对于已有信息的再创造，具有十分明显的偶然属性和突发属性。创新思维在创新创业活动中具有不可替代的作用，其往往会激发产生理论上或观念上的重大突破，产品和技术上的重要发明、新事物和新材料的重大发现等。

屠呦呦与青蒿素

中国中医科学院首席科学家、医学或生理学诺贝尔奖获得者屠呦呦曾写下过这样一条寄语：科技创新，强国兴邦。她用一辈子践行了这句话。

1969年，屠呦呦加入了一个全国性大协作项目"523"任务。她被选为该项目的一个研究组的组长，该研究组致力于在中药中筛选抗疟新药。接手任务后，屠呦呦和她的同事们从中医知识宝库（包括古代文学、民间传说和中医从业者的口头采访）中初步选择了2000多种草药，并从其中的200多种草药（包括青蒿）中提取了380多种提取物进行测试，却都没有满意的结果。

直到1971年，青蒿提取物不稳定的疟疾抑制率引起了他们的特别关注。屠呦呦再读文献，在葛洪的《肘后备急方》中记载："青蒿一握，以水二升渍，绞取汁，尽服之。"屠呦呦注意到，书中并没有提到中医处方中很常见的药物加热过程，而是用"汁液"，因此她提出了低温提取有效成分的设想。在此后的实验中，用低温方法获得的提取物对鼠类疟疾显示出了100%的惊人疗效，并很快在猴疟疾实验中得到了重现，确认了青蒿提取物的有效性，取得了青蒿素研究中的突破性进展。

发现青蒿素的过程表明，中医药确实是一个伟大的宝库，但要开发利用好它还需要艰辛的努力和灵感。

5. 综合思维　人类思维活动是非常复杂的，在创新活动的过程中，各种创新思维方式都是相互整合、有机联系的，而且各种创新思维和逻辑思维之间的关系也不是泾渭分明的，而是存在明显关联性的。创新活动一般需要经历漫长的探索和反复的研究才能获得最佳的效果，在这过程中总是需要不同思维的相互交叉和相互融合。但是从本质上来看，创新思维和逻辑思维之间又各自具有不同的特点和属性，在创新活动的不同阶段所起的作用各有不同，分别扮演主导性和辅助性的角色。

（四）常见的思维障碍

1. 思维定式　又称习惯性思维，指随着人们知识和经验的不断积累会形成习惯性的思考方式。一般来看，思维定式主要表现为从众型思维定式、权威型思维定式和经验型思维定式三个不同的类型。所谓从众，即没有自我意识，人云亦云；所谓权威，就丢失了挑战的可能，错误观点就无法纠正；所谓经验，就丧失了灵活性，看不到形势的变化。

2. 求稳情绪　指人们安于舒适圈，追求稳定，内心深处不敢冒险，不敢探索尝试，进而错失很多机会。机遇往往与风险并存，固守安稳可以避免风险，同时也错失机遇。如果想获得更好的发展机遇，就要敢于尝试，识别风险，防范风险，实现突破。

3. 麻木心理　指人们对于日常工作和生活当中所出现的一些问题已经形成习惯了，进入一种近乎麻木的状态。正是因为习以为常，人们逐渐失去了对事物的好奇心，精力难以保持高度集中的状态，难以发现问题，更不愿意去积极的思考问题，寻求答案。没有好奇心，很多创新就不会发生。因此，保持好奇心，是对抗麻木心理的有效措施。

4. 标准答案　指人们习惯性认为问题都有唯一正确的标准答案。一次次考试之后，人们习惯寻求答案，而且，潜意识里认为，什么事情都有个标准答案。标准答案意识，局限了人们的思维，妨碍了人们创造力的发挥。很多事情有多种可能，答案不止一个。

5. 群体思考　群体思考是团队里的一种思维方式，它的表现是：否定少数人的意见、排斥来自外部专家的建议。群体思考的后果是，少数人持有的正确的意见受到压制，因为真理或是创新，常常掌握在少数人手里。

二、培养中医药大学生创新思维的意义

自古以来，中医药学术流派众多，名医大家辈出，看病治病方法多样，坚持守正出奇，因时、因

地、因人不断变化创新，因此中医药文化得以流传数千年而生生不息。当前，中医药发展显现逐渐弱化的状态，其中有两个突出的表现，首先就是我国中医药传统技术升级进程缓慢，中医药的传统技术和现代技术之间没有寻找到一个最佳的契合点。其次就是中医药的自身特色优势属性在不断的淡化，主要表现在中医药优势和特色在临床实践领域的作用没有得到充分发挥。创新发展是突破中医药发展障碍的关键所在。实现中医药的高质量发展，就必须把传统中医药理念和现代科学技术手段有机结合，实现传统中医理念高质量的消化、转化，让古今能够高度融合，这样才能够为全世界民众提供具有中国特色的医疗卫生和健康服务，为人类健康事业做出新的贡献。在这个过程中，既要坚持做好传承，传承中医药的辨证论治和内因学说，传承中医药天然固本、扶正和未病先治等理念，传承中医药的理论、学术、特色，更需要在创新上下大功夫，只有在"创"上下功夫，解决好"新"这个关键问题，在新形势下创理论之新、技术之新、方法之新、方药之新，才能让这一中华民族悠久文明的精华重新焕发新的光彩。促进中医药高质量发展是中医药学人应该肩负的历史使命，而中医药的创新发展离不开新型中医药学人才，特别是具有创新思维的中医药学人才，唯有不断加强中医药大学生创新思维的训练，才能更好地帮助中医药大学生成长成才，才能为国家源源不断输送适应时代发展需求的创新型中医药人才，才能在世界舞台展现中国中医药的魅力。

三、中医药大学生创新思维的养成

大学生创新思维可以通过学习锻炼获得提升，但不是一蹴而就的，而是离不开日常不断地学习和大量的实践锻炼。大学生正处于个人思维发展的重要时期，应主动抓住机会加强学习和锻炼，练习克服思维障碍，创造性地解决问题，全方位提升自身的创新综合能力及素质，实现创新活动由感性认识到理性思考的飞跃。

1. **丰富知识体系**　创新需要思考、观察，还需要足够的知识储备量，大学生要努力学习知识，开阔视野、增长见闻，这样才能为创新提供理论支撑。创新不仅需要理论支撑，还需要技术支撑，大学生要学习专业技能，把技术学到位，才有可能创新出更好的成果。

2. **积极参加实践锻炼**　一般来说，大学生在课堂当中主要学到的是理论基础知识，要想做到真正掌握并运用，还需要实践锻炼才能实现。实践是检验真理的唯一标准，在老师的指导下进入中医院、中药房、中草药种植基地等进行实践学习，在实践中，有更多的机会发现问题、思考问题，进而运用创新思维提出解决问题的方案。因此，大学生积极参加实践锻炼，在实践中既能充分了解和认知中医药传统文化，还有助于创新思维的养成，提高创新能力。

3. **积极参加创新创业竞赛**　目前创新创业类竞赛种类很多，比如创新大赛、创新创业大赛、创业团队赛等，对于大学生创新思维的激发都是十分有利的。在比赛中，选题和内容的自由度很大，学生们可以自由选题，个人的优势和亮点得到充分的展现。大学生应充分认识其重要作用，积极参加各类比赛，并注重在比赛中相互学习，提升创新能力。

🖉 **知识拓展**

中国国际"互联网+"大学生创新创业大赛

中国国际"互联网+"大学生创新创业大赛，由教育部联合多家中央单位和省级人民政府、各高校共同主办。大赛旨在深化高等教育综合改革，激发大学生的创造力，培养造就"大众创业、万众创新"的主力军；推动赛事成果转化，促进"互联网+"新业态形成，服务经济提质增效升级；以创新引领创业、创业带动就业，推动高校毕业生更高质量创业就业。自2015年启动以来，大赛产生了巨大的社会影响，逐渐发展成为"全球最大最好的路演平台"，被国内外媒体誉为惊艳非凡的全球双创盛会。大赛面向普通高等学校在校生、毕业5年以内的毕业生、职业院校学生等，每年举办一届，采用校级初赛、省级复赛、全国总决赛三级赛制，设置金奖、银奖、铜奖等奖项。七届大赛累积603万个团队的2533万名大学生参赛，培养了一大批有理想、有本领、有担当的源源不断的青春力量。（光明网）

4. 积极参与科研活动　对于中医药院校的学生来说，能够参与到科研活动当中去，也有利于创新思维的养成。科研工作的进行需要一定的理论基础，可以激发学生学习专业知识的主动性和积极性。很多科研问题都是围绕实践展开的，如果某一个问题不能够借助现有的理论来进行回答，就需要学生们运用创新思维寻找解决问题的方法，从而提升创新思维能力。大学生应多阅读科研文献，积极寻找机会参与科研活动。

第二节　中医药院校学生创业团队的组建

知识拓展

国务院办公厅印发《关于进一步支持大学生创新创业的指导意见》

2021年9月22日，国务院办公厅印发《关于进一步支持大学生创新创业的指导意见》指出，"大学生是大众创业万众创新的生力军，支持大学生创新创业具有重要意义"。要"全面贯彻党的教育方针，落实立德树人根本任务，立足新发展阶段、贯彻新发展理念、构建新发展格局，坚持创新引领创业、创业带动就业"，"提升人力资源素质"，"实现大学生更加充分更高质量就业"。

一、创业及创业团队的概念

（一）创业

"创业"这个概念起源于欧美国家，源于"Entrepreneur（企业家、创业者）"一词。杰夫里·提蒙斯（Jeffry A. Timmons）在其所著的创业教育领域的经典教科书《创业创造》（*New Venture Creation*）中提出：创业是一种思考、品行素质，杰出才干的行为方式，需要在方法上全盘考虑并拥有和谐的领导能力。我们将创业定义为创业者或创业伙伴通过对自身掌握的信息、资金、人力等资源（或经过努力能够拥有的这些资源）加以优化利用，进而产生出更多经济效益或社会价值的过程。

（二）创业团队

创业团队指的是两个及其以上的人员所组成的具有共同目标，从事创业活动的团体。卡姆（Kamm）和努理克（Nurick，1990）等人则认为，创业团队是指对企业发展战略产生直接影响的个人组合，即占有公司一定股份，主导或参与企业发展战略策划，对企业的发展有很大影响力的人。由此可见，具有共同的目标是基础，而追求利润以及追求成绩是核心的发展目标。具体来说一个完整的创业团队是需要包含五个核心要素。

1. **目标**   即按照既定的共同战略目标，在创业公司的经营管理中以公司的愿景、战略等宏观形态呈现出来。

2. **人**   创业团队中，人力资源是最核心、最活跃、最具潜力的创业资源，是企业的人力资本。

3. **定位**   定位有两层含义，一是创业团队整体的定位，就是这个创业团队在企业的经营管理中如何定位、由什么人挑选并确定队伍的组成、创业团队最终应对谁负责、采取何种方式激励员工；二是创业个体的定位，即创业者个人在团队中的定位，作为团队成员在创业团队中担任何种角色。

4. **权限**   在一个创业团队中领导者拥有的职权大小与整个团队的发展阶段密切相关。一般而言，创业团队发展越是成熟，领导者掌握的职权就相对越小，而在创业团队组建、发展的早期阶段，领导者职权相对较为集中。

5. **计划**   计划也具有两层含义，一是达到企业目标和愿景的具体经营管理程序；二是按计划实施，以确保创业团队平稳、顺利朝着目标迈进。

二、中医药院校学生创业中的常见问题

（一）缺乏创业理性

通过对当前我国大学生群体的创业现状进行分析，可以看出大学生们所表现出来的理想主义和功利主义是比较明显的。很多大学生创业的终极目标就是为了就业而非完善自我、实现自我价值，在创业过程中没有积极的发挥创新精神以及知难而上的精神。从这方面来看，我国中医药院校的大学生大多抱着继承和发扬中医药传统的精神进行创业，但在自我价值实现方面的理想不够坚定，同时在创新过程当中也表现出了一些当代大学生创业中的共性问题，那就是对整个社会环境和创业环境的认知不足、对于创业的美好前景过于乐观、对于自我的认知不够、心理素质相对较差、过度关注创业的结果等等。

（二）创新程度不高

大学生所进行的创业活动要符合当前的基本创业环境。目前我国采取有效的方法和举措积极支持大学生创新创业，为大学生开展创业活动提供了良好的社会环境。中医药院校的学生具有良好的中医药专业知识，具有开展中医药创业的良好个人背景。与此同时，宽松的创业环境降低了创业门槛，吸引更多的大学生开展创新创业活动，创业项目的质量参差不齐。专业性过强也会导致学生们的创业面相对比较窄，我国中医药文化博大精深，对于广大的学生来说，仅通过在校阶段的学习就想获得较高的造诣是比较难的，加之中医药与当代科学技术结合的难度较大，导致中医药院校学生创业的创新程度不高。目前中医药院校大学生创业活动主要集中在养生保健、中药的专业产业化和中医药文化传播等领域，一般准入门槛相对比较低，虽然有一定的创新，但是容易被模仿和复制，竞争优势并不是十分明显。

（三）创业模式单一

我国中医药院校的教育活动及教育体系架构存在着十分明显的专业性特征，这就导致部分学生创业者的眼界和思维得不到拓展和延伸，而且创业主体的资金筹措也是一个核心难题。中医药院校学生的文化氛围和创业所需的文化有着较大差异，就会导致接受传统中医药院校教育的大学生对创新创业的风险危机关注不够，敏感性不强，他们往往会更愿意选择加盟连锁、复制创业模式等比较安全、风险比较低

的创业方式，针对风险投资公司加持的孵化模式、技术风险模式以及理念创新模式的创业活动还相对比较少。

（四）创业素养不足

我国中医药院校的学生对于传统文化的学习内容是比较丰富的，他们对诚信等传统文化的理解和认知也是十分深刻的，这在很大程度上为他们日后的创业发展打下坚实的文化底蕴和基础支撑。但是，我们也应该看到传统的中庸之道让他们更容易缺失创新的激情、披荆斩棘的勇气，而且在所学的专业课程当中没有进行系统经济管理学知识以及创业知识的引入和渗透，他们必须要在自身的实践积累当中去获得经验，这就导致创业的难度不断增加。

（五）团队稳定性差

校友、好友一起创业，是中医药院校大学生创业的一个特点。但是，由于创业伙伴与朋友是有根本区别的，比如很多在朋友中能够互相宽容、理解的事情，带到商业合作中就很难解决，时间久了就容易产生摩擦，引发冲突，与昔日的好朋友也逐渐疏远乃至反目，创业队伍也最终解体。尤其在创业的最初阶段，他们所承受的心理压力相当大，非常希望能够获得同学好友的支持并共同奋斗，但在创业初期还没有形成成熟企业的制度，不免会职责分工不够明晰，导致人员之间出现矛盾冲突等。

三、组建创业团队

（一）创业团队形成的条件

1. 创业环境的不确定性　在任何一个时期、任何一个行业领域所进行的创新创业活动都会受到外界环境不稳定的影响。当一个创业者即使将自身的所有资源和精力都投入到创新创业活动当中去，他们对于未来市场的发展也并不是十分肯定，并且任何的回报和收益都是借助于直觉来主观判断的，但这种直觉或者说是经验很容易在现实中被证伪。所以，创业主体很难对未来发生的事情进行精准的判断，这就需要有创新团队的支撑，希望寻求集众人之智、聚众人之力达到创业的目标。

2. 志同道合的创业目标　志同道合是形成一个创业团队必不可少的基础条件，只有团队成员志同道合才能达成共同的创业目标。当然，这里所提的志同道合并不是指创业团队成员在日常生活中必须拥有完全一样的兴趣爱好，而是指在创业活动中，有共同的理想、共同的愿景，并且愿意为共同的目标贡献自己的资源和精力。

3. 团队成员的互补性　团队要想获得成功，需要充分发挥团队成员的互补性。比如，在整个创业团队当中，有些成员可能偏重技术能力，有些成员则更加善于内部经营管理，而有些成员则强于营销渠道拓展。同时，也有思维方式不同，形成成员间互补，比如有些成员会更加内省，可以经常思考自身或公司产生的问题，并着手寻找破解问题的方法，有些成员则显得开放，经常会思考企业的未来、谋划宏观发展方向。团队的互补性有时还体现在如年龄、性别等不同的因素上。

（二）创业团队组建的程序

组建创业团队是一个复杂的过程，且充满着随机和不确定性，创建步骤也不尽相同。但概括来讲，大概可以分为以下6步。

1. 确定创业团队目标　创业目标是创业团队的灵魂，在总目标的指引下，确定企业的产品技术、产品市场、发展规划、组织管理等可行的、阶段性的子目标，推动创业企业从无到有、从小到大、从起步到成熟，最终实现团队的创业目标和愿景。

2. 制定创业团队计划 在创业计划制定的过程当中，将创业过程作为一个整体考虑谋划，需要对创业目标进行分解和优化、创业路径详细推演，明晰不同阶段的核心任务，通过合理的步骤和举措最终达成创业目标。同时，需要强化创业计划的可操作性、可执行性，确保各个细化目标和整体目标得到有效的落实。

3. 寻找合适团队队员 在创业过程当中，团队成员的寻找是确保创业成功的一个关键要素。如何寻找到合适的团队队员呢？具体来说，要从如下两个方面实施和推进：一方面要把握好互补性，要关注团队成员在技术领域和能力层面上所展现出来的互补性，从而通过整体团队战斗力和凝聚力的不断增强来实现预期的良好目标。通常来说，技术人员、管理人员和营销人员是一个完整团队当中不可或缺的三类关键人员，而且这三类关键人员要建立良好的协作关系，这样才能保证创业团队的顺利发展。二是把握好团队规模，要确保团队规模的适度性。如果一个团队成员数量比较少，就难以展现出整个团队的优势和亮点。如果一个团队成员数量比较多，又会导致沟通交流出现问题，增加管理难度，一旦在团队内部出现一些小集体，就会直接影响到整个团队的凝聚力。从对一些优秀创业团队的统计分析来看，团队人员控制在三人到十人是比较有利于团队获得成功的。

4. 团队成员划分职权 要确保团队创业计划顺利实施，就需要结合每个团队成员的特点，对其职责进行科学、合理的界定。而团队成员职责界定，就是按照创业计划的实施要求，明确每个团队成员所要承担的工作，以及赋予其对应的权利。每个团队成员之间的职权既要防止重叠交叉，又要防止存在无人履行的空白和死角。同时，在创业过程中，创业环境时刻发生着变化，这就要求团队成员的职权也要随之调整和变化，从而适应并不断朝着创业目标迈进。

5. 建立团队管理制度 管理制度是创业团队能否长远发展、实现创业目标的重要保障，可以从约束制度和激励制度两个层面上着手建立。从约束制度的建设来看，主要包含有纪律制度、保密制度、财务制度、组织制度等等。约束制度对成员工作生活形成有效制约，确保团队运转有序。从激励制度的建设来看，主要包括考核制度、利益分配制度、奖惩制度、激励措施等，通过激励制度的确定，可以让创业者了解创业成果与自身利益的密切关系，能够让团队成员的自我潜能得到有效激发，主观能动性得到最大的调动，自我价值得到高质量的体现。合理的激励制度，首先要确保成员的利益分配模式十分清晰，特别是股份制度和奖励制度要科学明确。必须强调的是，创业团队的管理制度都应该取得绝大多数成员的肯定，并以规范化的书面形式确立下来，以避免产生无谓的混淆。

6. 团队的磨合与成长 绝对没有天生的优秀创业团队，每一个完美组合的创业团队都是在不断的磨合、调整、优化的循环往复中形成的。随着创业阶段的不断深入，组建之初建立的人才搭配、制度设计、职权分配等方面也会产生不适应的情况，此时就需要团队充分的、开诚布公的沟通，对相关问题寻找妥善的解决方案，对原来形成的体制机制进行优化调整，这是一个持续的、动态的过程，从而不断培养和强化团队精神，增强团队士气，进而将自身锻造成为一支优秀的创业团队。

（三）创业团队的管理重点

中医药院校大学生创业队伍主要由一批志同道合、思想开放、年纪相仿，具有相同或相近创业理想的年轻人构成，普遍存在着稳定性差、资源不足、可持续能力不强等典型问题。根据马斯洛的需要理论研究，新团队成员同时具有"生活需求""团队需求"和"认可需求"，所以需要在创新团队管理过程中，重点做好团队文化和个性化的建设，以及长远发展规划的制定。

1. 团队文化建设 对于中医药院校大学生创业团队文化建设，要充分发挥中医药院校传统文化教育的优势，重点从团队凝聚力和成员积极性两方面进行培育。团队文化凝聚力的培育首先要从年轻、活泼、接受新奇事物能力强等成员特性入手，开展成员比较容易接受的团建活动，比如创新桌游、主题聚会等形式新颖的活动，从而提高团队的向心力、凝聚力和归属感。在培养团队成员积极性方面，应充分考虑当代大学生的思想特点，特别要注重平等、民主的团队精神，采取有效的方法和举措让团队内部所有成员的积极性都被激发起来，促进创业团队的创造力整体提升。同时，在创业团队文化构建的整个过程中，要把"人"放到突出位置，真正做到关心、尊重、理解、相信，让团队成员感觉到集体的温暖，满足其"团队需求"，从而增强团队的稳定性。

2. **个性化建设**　当下中医药院校学生创业团队的个性化建设是至关重要的，尊重团队成员的个人价值，要让整个团队内部的每一名成员都有充分展示自己亮点优势的机会，满足其"认可需求"，从而达到优势互补，促进团队健康、良性发展。与此同时，还要积极地坚持以人为本的基本原则，实现团队成员个体发展目标和团队综合目标的高度融合。比如，成员A是一名技术骨干，技术型人才知识和技能储备充足、工作严谨、条理性强，在工作中渴望更多的信任和认可，针对这类成员要给予足够的工作自主性，使其深刻地体会到来源于团队的信赖与认可。

3. **可持续发展规划**　可持续发展规划是创业团队长远发展的保障，也是满足团队成员长期"生活需求"的重要一环。因此，在团队建设管理中，要重视可持续发展规划的制定，并根据创业阶段的变化，不断调整、优化可持续发展规划，始终在团队成员面前展现出企业良好的发展蓝图，让团队成员都能够对企业的未来发展充满信心，不断的增强员工的归属感和向心力，坚定地朝着团队目标迈进。

• 实训实练一　组建创业团队 •

【实训目的】

通过模拟创业团队的组建，掌握在中医药领域组建创业团队的相关知识，提高学生组织、协调、统筹能力水平。

【实训方式】

假设创办一家中医药企业，学生模拟组建创业团队，随机将班级同学分成若干个小组，每组4~6名同学为宜，开展讨论决定创业目标、计划，进行团队分工，制定简单管理架构等内容，最终通过评比确定最佳创业团队。

【实训步骤】

1. **前期准备**　收集携程创业团队资料，分析在创业团队的组建中可以学习借鉴的成功之处。

2. **具体要求**

（1）将班级同学随机分成若干小组，每组4~6名同学，各组通过沟通推选临时领导者1名。

（2）确定创业团队目标。各组领导者带领团队，充分讨论交流，提出创业目标，包括整体目标、阶段性目标、产品市场等子目标。

（3）制定具体创业计划。根据创业目标，制定创业计划，明确具体的步骤和措施。

（4）确定团队成员分工。团队成员进行演讲介绍，详细介绍各自优势特点，在对团队成员充分评估的基础上，进行合理化分工，并划分职责，形成建议创业职责分工方案。

（5）建立创业团队管理制度。围绕约束制度和激励制度提出对团队管理制度的设想。

（6）最后讨论明确团队名称，设计团队LOGO，提出团队口号和愿景。

3. 成果展示

（1）由各组领导者组织本团队以路演的方式展示实训成果，展示项目包括但不限于团队名称、团队LOGO、团队口号、团队愿景、创业目标、创业计划、团队成员及分工、团队管理制度等。

（2）同学们对各团队进行评估，推选出最佳团队。

【实训作业】

实训课程结束后，以团队为单位，对"组建创业团队"实训过程进行复盘，形成总结报告，提出优化方向和措施。

目标检测

答案解析

一、单项选择题

1. 下列关于创新思维的描述正确的是（　　）

　　A. 创新思维就是为了追求新奇、新颖的思维

　　B. 创新思维的核心本质是用新的角度、新的方法来思考和解决现有的问题

　　C. 创新思维仅仅表现在科技史上的重大发现、发明中

　　D. 创新思维是一种单独孤立的思维类型

2. 下列不属于创新思维特征的是（　　）

　　A. 思路的新颖性　　　B. 想法的流畅性　　　C. 视角的灵活性　　　D. 程序的逻辑性

3. 下列事例最能体现运用逆向思维的是（　　）

　　A. 司马光砸缸　　　B. 曹冲称象　　　C. 田忌赛马　　　D. 刻舟求剑

4. 在创业团队中，最核心、最活跃、最具潜力的创业要素是（　　）

　　A. 目标　　　　　　B. 人　　　　　　C. 定位　　　　　　D. 权限

二、多项选择题

1. 创新思维的类型有哪些？（　　）

　　A. 发散思维　　　　B. 惯性思维　　　C. 逆向思维　　　D. 灵感思维

2. 下列事例中体现了生活中常见的思维障碍的是（　　）

　　A. 经验主义　　　　B. 追求安稳　　　C. 习以为常　　　D. 一物多用

3. 大学生创业团队成员的需求通常有哪几种？（　　）

　　A. 生活需求　　　　B. 安全需求　　　C. 团队需求　　　D. 认可需求

4. 促成创业团队形成的条件有哪几个方面？（　　）

　　A. 创业环境的不确定性　　　　　　　B. 志同道合的创业目标

　　C. 团队成员的互补性　　　　　　　　D. 创业的紧迫性

5. 创业团队的管理主要包括哪几方面？（　　）

　　A. 团队文化建设　　　　　　　　　　B. 团队制度建设

　　C. 个性化建设　　　　　　　　　　　D. 可持续发展规划

三、简答题

1. 简述什么是创新思维，列举 1~2 个生活中运用创新思维的事例。

2．简述作为中医药院校的大学生，如何在日常学习中培养自己的创新思维？

3．简述组建创业团队的程序。

（葛　敏）

书网融合……

　知识回顾　　　　习题

PPT

学习目标

知识要求：

1. 掌握中医药行业创新创业相关政策法规。
2. 熟悉各地政府针对大学生创新创业出台的相关政策。
3. 了解国家创新创业政策法规。

能力要求：

1. 能够说出国家和中医药行业创新创业相关政策法规。
2. 学会运用各地大学生创新创业优惠政策开展就业创业活动。

第一节　国家创新创业相关政策法规

党的十八大报告指出："引导劳动者转变就业观念，鼓励多渠道多形式就业，促进创业带动就业。"党的十八届三中全会决议强调"健全促进就业创业体制机制"。这些重要论述不仅表明党和国家把创新创业放在了一个突出的位置上，而且带动了大学生创新创业的热情。近几年，每年大学毕业生都在700万左右，是国家宝贵的人才资源，党和政府已采取多种措施支持大学生就业和创业。

一、了解国家创新创业相关法律法规的重要性

法律是企业经营的外部环境，良好的法律环境，是创业成功的必要条件。但是，良好的法律环境不能保证创业者成功经营。如何正确理解、遵守和运用法律，是值得每一位创业者认真思考的问题。具体而言，创新创业相关法律法规有以下三方面作用。

（一）可以帮助创业者合理选择创业组织形式

创业者一般是通过创办某个实体来把创意变为现实，继而实现创业的。目前我国法律规定的市场主体组织形式较多，有个体工商户、个人独资企业、合伙企业、有限责任公司等，这些不同的市场主体在注册经营过程中的繁简程度和责任承担等各不相同。因此，正确认识法律法规的规定，可以帮助创业者合理选择创业组织模式。

（二）可以帮助创业者进行规范的创业经营

正确理解和把握有关创新创业的法律法规可以使得创业者少走弯路，避免投机取巧，规范经营，使企业在合法有序的基础上生存发展。

（三）可以提高创业者参与市场活动的能力

创业者在市场中从事经营活动的过程中常常遇到下述困扰自己的问题，比如签署合同、接待投诉、对方违约等场合如何处理好与客户、供应商、合作伙伴的经济法律关系等，只有在严守法律的基础之上，这些问题才有可能得到妥善解决。

二、我国的法律体系

我国的法律体系有着丰富的内容。我们先看其表现形式，中国的法律体系就最高效力来说处在统帅地位上的是宪法。比方说一个国家的法律体系像一棵大树，宪法就像树干，在树干上有七条主枝，也就是七个法律部门。

第一个法律部门是宪法。宪法不是指的一个宪法文本，是一个法的集群，有关宪政制度方面的法律制度、法律规范的总称。当今中国宪法这个部门包括：宪法典（《中华人民共和国宪法》）、选举法、民族区域自治法、立法法、国家机构组织法、特别行政区基本法、国旗国徽国籍法、授权法。

第二个是民法商法部门。调整平等主体之间发生的所有法律关系，包括物权、侵权、合同、婚姻、继承、家庭、知识产权等。

第三个是行政法部门，比如行政许可、行政处罚、行政强制、行政监察、行政复议。

第四个是经济法部门。主要有反不正当竞争法、消费者权益保护、反垄断法、产品责任法、广告法、食品安全法、银行法、土地管理法、税法，环保法等。

第五个是社会法。是国家保障公民的社会权利的法律制度，有劳动法、社会保障法、劳动合同法等。

第六个是刑法部门。比如《中华人民共和国刑法》。

第七个是保证前面这些实体法实施的，叫作程序类法律，也就是诉讼与非诉讼的程序类法律。

三、创新创业常用法律法规

我国七大部门法都与创新创业活动密不可分，比较常见的创业所需法律法规基本上都属于民法商法部门、经济法部门和社会法部门。

（一）民法商法部门主要法律法规

1.《中华人民共和国民法典》 2020年5月28日第十三届全国人民代表大会通过。

2.《中华人民共和国海商法》 1992年11月7日第七届全国人民代表大会常务委员会第二十八次会议通过。

3.《中华人民共和国合伙企业法》 1997年2月23日第八届全国人民代表大会常务委员会第二十四次会议通过，2006年8月27日第十届全国人民代表大会常务委员会第二十三次会议修订。

4.《中华人民共和国个人独资企业法》 1999年8月30日第九届全国人民代表大会常务委员会第十一次会议通过。

5.《中华人民共和国外商投资法》 2019年3月5日第十三届全国人民代表大会第二次会议通过。

6.《无证无照经营查处办法》 2017年8月23日国务院颁布。

7.《中华人民共和国票据法》 1995年5月10日第八届全国人民代表大会常务委员会第十三次会议通过，根据2004年8月28日第十届全国人民代表大会常务委员会第十一次会议关于修改《中华人民共和国票据法》的决定修正。

8.《中华人民共和国企业破产法》 2006年8月27日第十届全国人民代表大会常务委员会第二十三次会议通过。

9.《中华人民共和国农民专业合作社法》 2006年10月31日第十届全国人民代表大会常务委员会第二十四次会议通过。

10.《中华人民共和国专利法》 1984年3月12日第六届全国人民代表大会常务委员会第四次会议通过，根据2020年10月17日第十三届全国人民代表大会常务委员会第二十二次会议《关于修改〈中华人民共和国专利法〉的决定》第四次修正。

11.《中华人民共和国著作权法》 1990年9月7日第七届全国人民代表大会常务委员会第十五次会议通过，根据2020年11月11日第十三届全国人民代表大会常务委员会第二十三次会议《关于修改〈中华人民共和国著作权法〉的决定》第三次修正。

12.《个体工商户条例》 2011年3月30日国务院第149次常务会议通过。

13.《中华人民共和国商标法》 1982年8月23日第五届全国人民代表大会常务委员会第二十四次会议通过，根据2019年4月23日第十三届全国人民代表大会常务委员会第十次会议《关于修改〈中华人民共和国建筑法〉等八部法律的决定》第四次修正。

14.《中华人民共和国公司法》 1993年12月29日第八届全国人民代表大会常务委员会第五次会议通过，根据2018年10月26日第十三届全国人民代表大会常务委员会第六次会议《关于修改〈中华人民共和国公司法〉的决定》第四次修正。

15.《网络交易监督管理办法》 2021年5月1日起施行。

16.《中华人民共和国证券法》 1998年12月29日第九届全国人民代表大会常务委员会第六次会议通过，2019年12月25日第十三届全国人民代表大会常务委员会第十五次会议第四次修正。

17.《中华人民共和国保险法》 1995年6月30日第八届全国人民代表大会常务委员会第十四次会议通过，根据2015年4月24日第十二届全国人民代表大会常务委员会第十四次会议《关于修改〈中华人民共和国计量法〉等五部法律的决定》第三次修正。

（二）经济法部门主要法律法规

1.《中华人民共和国反不正当竞争法》 1993年9月2日第八届全国人民代表大会常务委员会第三次会议通过。

2.《中华人民共和国对外贸易法》 1994年5月12日第八届全国人民代表大会常务委员会第七次会议通过，2016年11月7日第十二届全国人民代表大会常务委员会第二十四次会议修订。

3.《中华人民共和国企业所得税法》 2007年3月16日第十届人民代表大会第五次会议通过。

4.《中华人民共和国反垄断法》 2007年8月30日第十届全国人民代表大会常务委员会第二十九次会议通过。

5.《中华人民共和国城乡规划法》 2007年10月28日第十届全国人民代表大会常务委员会第三十次会议通过。

6.《中华人民共和国产品质量法》 1993年2月22日第七届全国人民代表大会常务委员会第三十次

会议通过，根据2018年12月29日第十三届全国人民代表大会常务委员会第七次会议《关于修改〈中华人民共和国产品质量法〉等五部法律的决定》第三次修正。

7.《中华人民共和国城市房地产管理法》　1994年7月5日第八届全国人民代表大会常务委员会第八次会议通过，根据2019年8月27日第十三届全国人民代表大会常务委员会第十二次会议《关于修改〈中华人民共和国城市房地产管理法〉的决定》第三次修正。

8.《中华人民共和国个人所得税法》　1980年9月10日第五届全国人民代表大会第三次会议通过，根据2018年8月31日第十三届全国人民代表大会常务委员会第五次会议《关于修改〈中华人民共和国个人所得税法〉的决定》第七次修正。

9.《中华人民共和国消费者权益保护法》　1993年10月31日第八届全国人民代表大会常务委员会第四次会议通过，根据2013年10月25日第十二届全国人民代表大会常务委员会第五次会议《关于修改〈中华人民共和国消费者权益保护法〉的决定》第二次修正。

10.《中华人民共和国环境保护法》　1989年12月26日第七届全国人民代表大会常务委员会第十一次会议通过，2014年4月24日第十二届全国人民代表大会常务委员会第八次会议修订。

11.《中华人民共和国食品安全法》　2009年2月28日第十一届全国人民代表大会常务委员会第七次会议通过，2021年4月29日第十三届全国人民代表大会常务委员会第二十八次会议第二次修正。

12.《中华人民共和国广告法》　1994年10月27日第八届全国人民代表大会常务委员会第十次会议通过，2021年4月29日第十三届全国人民代表大会常务委员会第二十八次会议第二次修正。

13.《中华人民共和国税收征收管理法》　1992年9月4日第七届全国人民代表大会常务委员会第二十七次会议通过，根据2015年4月24日第十二届全国人民代表大会常务委员会第十四次会议《关于修改〈中华人民共和国港口法〉等七部法律的决定》第三次修正。

14.《中华人民共和国商业银行法》　1995年5月10日第八届全国人民代表大会常务委员会第十三次会议通过，根据2015年8月29日第十二届全国人民代表大会常务委员会第十六次会议《关于修改〈中华人民共和国商业银行法〉的决定》第二次修正。

（三）社会法部门主要法律法规

1.《中华人民共和国劳动争议调解仲裁法》　2007年12月29日第十届全国人民代表大会常务委员会第三十一次会议通过。

2.《中华人民共和国劳动法》　1994年7月5日第八届全国人民代表大会常务委员会第八次会议通过，1995年1月1日起开始施行。根据2018年12月29日第十三届全国人民代表大会常务委员会第七次会议《关于修改〈中华人民共和国劳动法〉等七部法律的决定》第二次修正。

3.《中华人民共和国社会保险法》　2010年10月28日第十一届全国人民代表大会常务委员会第十七次会议通过。

4.《中华人民共和国劳动合同法》　2007年6月29日第十届全国人民代表大会常务委员会第二十八次会议通过，根据2012年12月28日第十一届全国人民代表大会常务委员会第三十次会议《关于修改〈中华人民共和国劳动合同法〉的决定》修正。

四、创新创业政策解读

（一）大众创新创业呈现出新特点

在党中央、国务院的高度重视和大力支持下，近年来我国创新创业生态体系不断优化，创新创业观念与时俱进，出现了大众创业、草根创业的"众创"现象，带动创新创业愈加活跃、规模不断增大，效率显著提高。当前我国大众创新创业呈现出四个新特点：

一是创业服务从政府为主导市场发力。现代市场体系的发展催生出一大批市场化、专业化的新型创业孵化机构，提供投资路演、交流推介、培训辅导、技术转移等增值服务。天使投资、创业投资、互联网金融等投融资服务快速发展，为创新创业提供了强大的资本动力。

二是创业主体从"小众"到"大众"。伴随新技术发展和市场环境开放，创新创业由精英走向大众，出现了以90后大学生等年轻创业者、大企业高管及连续创业者、科技人员创业者、留学归国创业者为代表的创业"新四军"，越来越多草根群体投身创业，创新创业已经成为一种价值导向、生活方式和时代气息。

三是创业活动从内部组织到开放协同。互联网、开源技术平台降低了创业边际成本，促进了更多创业者的加入和集聚。大企业通过建立开放创新平台，聚合起大众创新创业者力量。创新创业要素在全球范围内加速流动，跨境创业日益增多。技术市场快速发展，促进了技术成果与社会需求和资本的有效对接。

四是创业理念从技术供给到需求导向。社交网络使得企业结构趋于扁平，缩短了创业者与用户间的距离，满足用户体验和个性需求成为创新创业的出发点。在技术创新的基础上，出现了更多商业模式创新，改变了商品供给和消费方式。

（二）国务院出台五条政策，鼓励创新创业

【政策一】鼓励地方设立创业基金，对众创空间等的办公用房、网络等给予优惠。对小微企业、孵化机构和投向创新活动的天使投资等给予税收支持。将科技企业转增股本、股权奖励分期缴纳个人所得税试点推至全国。

【解读】这将给小微企业带来"真金白银"般的实惠。由于小微企业往往创业资本少，风险承受能力低，税费方面的优惠将给"大众创业、万众创新"带来动力。财政部还联合工信部、科技部、商务部、工商总局等部门宣布，将合力打造小微企业创业创新基地示范城市，从过去补助项目转向补助城市，聚集五部门政策和资金为"双创"加油助力。

【政策二】创新投贷联动、股权众筹等融资方式，推动特殊股权结构类创业企业在境内上市，鼓励发展相互保险。发挥国家创投引导资金的种子基金作用，支持国有资本、外资等开展创投业务。

【解读】这是以创新的模式支持创新。比如股权众筹、种子基金等都是随着形势发展需要提出的新概念、新方式，体现了与时俱进。鼓励国有资本和外资开展创投业务，可以扩大资金来源和融资范围。

【政策三】取消妨碍人才自由流动的户籍、学历等限制，营造创业创新便利条件。为新技术、新业态、新模式成长留出空间，不得随意设卡。

【解读】这是一举两得之策。取消对人才发展的限制既能解决人才就业问题，又让小微企业的人力资源得到充分补充。

【政策四】盘活闲置厂房、物流设施等，为创业者提供低成本办公场所。发展创业孵化和营销、财务等第三方服务。

【解读】这为创业创新提供了便利条件。盘活闲置厂房、物流设施等，为创业者提供了低成本办公场所。发展创业孵化和营销、财务等第三方服务。在当前经济下行压力较大的情况下，有助于进一步解决小微企业"创业难"问题。

【政策五】用简政放权、放管结合、优化服务更好发挥政府作用，以激发市场活力、推动"双创"。加强知识产权保护，通过打造信息、技术等共享平台和政府采购等方式，为创业创新加油添力。

【解读】国务院推进简政放权、放管结合、职能转变工作电视电话会议提出，着力破除审批"当关"、公章"旅行"、公文"长征"等现象。再砍掉一批行政审批和核准项目、一批审批中介事项等。

（三）国家和地方大学生创业政策解读

2021年10月国务院办公厅发布关于进一步支持大学生创新创业的指导意见并指出：落实大学生创业帮扶政策，加大对创业失败大学生的扶持力度，按规定提供就业服务、就业援助和社会救助。加强政府支持引导，发挥市场主渠道作用，鼓励有条件的地方探索建立大学生创业风险救助机制，可采取创业风险补贴、商业险保费补助等方式予以支持，积极研究更加精准、有效的帮扶措施，及时总结经验、适时推广。以下简单介绍当前各地大学生创业政策。

浙江：大学生从事家政、养老和现代农业创业，政府给予10万元的创业补贴，大学生到这些领域工作，政府给予每人每年1万元的就业补贴，连续补贴3年。大学生到浙江实习的，各地提供生活补贴。对家庭困难的毕业生，发放每人3000元的求职创业补贴。

重庆：半年以上未就业有固定户口的大学毕业生可在其户口所在地居委会登记，申请3000~4000元人民币的银行抵押和担保贷款；自谋职业的毕业生，根据本人意愿，可将户口和人事档案暂存就读学校2年或由市大中专毕业生就业指导中心存管2年，存管期间免收档案管理费。

江苏南京：江宁高新区出台的大学生"双创8条"提出，在扶持大学生创新创业上，园区参照市、区推进青年大学生就业创业及创客项目等激励政策，给予场地免租或租金补贴支持，免费提供工商注册、财务管理、知识产权、人力资源、法律咨询、投融资等方面创业服务。同时，提供5000元至80万元不等的奖励，支持企业增强自主创新能力，持续健康发展。

陕西：高校毕业生可接受SYB模块培训（"创办你的企业"），培训合格后6个月内成功开业且在开业后6个月内提供不少于3次后续跟踪指导服务、开业单位（企业）正常经营的，再按800元/人对创业培训机构给予补贴；每人每年可享受一次；组织相关专家对创业项目进行论证，提供开业过程中的信息咨询，指导办理工商、税务注册登记手续；个人自主创业且符合申请小额担保贷款条件的，可申请不超过10万元的贷款扶持；合伙经营或组织起来就业的，可申请不超过50万元的贷款扶持。

内蒙古：重点支持大学生到新兴业态创业，支持社会力量举办创业沙龙、创业大课堂、创业训练营等创业培训活动。

西藏拉萨：首个大学生创业孵化园预计将于2016年6月完工建成，届时，拉萨市的大学生们可以在孵化园内直接享受到减免场租费等多项"政策红包"。

山东：扩大省级大学生创业孵化基地、创业园区支持范围，通过财政奖补支持，鼓励政府、高校和企业建设一批孵化条件好、承载能力强、融创业指导服务为一体的创业孵化基地和创业园区，为劳动者提供优良的创业平台。

安徽芜湖：提出打造"创业芜优"之城，设立规模5亿元的大学生创业基金，力争实现全市政府投资基金母基金规模超过155亿元，为大学生创业汇聚资本"源头活水"。建设不少于300万平方米的创新创业孵化平台，构建"众创空间+孵化示范基地+创新创业承载平台"的阶梯式创业孵化体系。支持举办大学生创新创业大赛，打造具有全国影响力的品牌青年创新创业赛事。

课堂互动 3-1

主题：小组对抗接龙：为什么说"法"可以为创新创业保驾护航。

目标：引导同学们思考良好的法律环境对于创新创业的意义。

建议时间：10分钟

材料准备：白纸和笔。

活动步骤：

第一步：按座位或男女随机分成A、B两组；

第二步：宣读比赛规则，A组代表举手，经同意可以说出其想到的第一个理由，B组代表举手，经同意可以说出其想到的第二个理由，A组代表举手，经同意可以说出其想到的第三个理由，直到有一组没人举手，或只能回答出与之前的理由重复的答案。回答的理由最多的一组为胜者；

第三步：比赛实施，记录接龙终止的情况。

总结评价：一是启发同学"法"就在我们身边，遇到法律问题要能想到主动寻求法律帮助；二是提炼、强调"法"始终伴随着创新创业活动，为下文学习做铺垫。

答案解析

第二节　中医药创新创业相关政策法规

中医药是包括汉族和少数民族医药在内的中国各民族医药的统称。国家大力发展中药事业，实行中西医并重的方针。建立符合中医药特点的管理制度，充分发挥中医药在中国医药卫生事业中的作用。近年来，国家也频频出台政策法规来推动中医药行业的发展。如2018年7月国家出台了关于加强中医药健康服务科技创新的指导意见的文件；2019年11月发布了中央国务院关于促进中医药传承创新发展的意见重点任务分工方案。

长远来看，随着国家系列政策支持以及人们养生保健需求增长，对中医药的重新认识和认可程度提升，中医药行业发展将提速。

岗位情景模拟 1

我国人口基数大，每年人口的自然增长数量也较大。根据第六次全国人口普查，我国大陆地区人口达到13.33亿。随着"放开二胎"政策的实施，预计未来我国人口数量仍将在较长时间内保持持续增长。同时我国人口老龄化呈加速趋势，根据国家统计局资料，我国65岁以上老年人口占总人口的比例由2009年的8.5%（约1.13亿人）上升至2019年的12.6%（约1.76亿人）。据世界卫生组织预测，到2050年，中国将有35%的人口超过60岁。以上人口增长及人口老龄化进程加速等社会发展因素，也直接带动了对我国药品市场需求的持续提升。

现代医药理论的发展、研究方法的进步和技术水平的飞速提升，为中药行业提供新的发展机遇。近年来国家出台系列相关政策支持中医的创新和发展，将中医药发展列入国家发展战略；如2016年印发《中医发展战略规划纲要（2016–2030年）》。这部国家级中医药战略纲要提出，到2020年，实现人人基本享有中医药服务，中医药产业成为国民经济重要支柱之一；

到2030年，中医药服务领域实现全覆盖，中医药健康服务能力显著增强，对经济社会发展做出更大贡献，传统中医的创新发展迎来高光时刻。

问题与思考

通过查阅大量资料并结合社会经济现状，对当前的中医药行业发展前景做简要分析，并给出可能性建议。

答案解析

一、中医药行业发展前景

1. 利好政策推动中医药产业健康发展　中医药是中国重要的卫生资源、优秀的文化资源、有潜力的经济资源、具有原创优势的科技资源。近年来，国家出台了一系列政策大力发展中医药产业。"健康中国2030"规划纲要明确提出。充分发挥中医药独特优势，提高中医药服务能力，推进中医药继承创新。事实上，随着中医药产业的巨大市场空间进一步激发，相关企业迎来更大发展机遇。

2. "智慧+中医药"打造行业新格局　随着中国卫生与健康事业发展进入新时期，新时代新形势下老百姓健康需求的变化，医改攻坚带来的医疗服务格局调整，互联网、大数据、人工智能等新技术新潮流的涌现发展，必将为医疗服务提升优化释放出巨大空间。

目前"智慧+中医药"领域的发展来看，主要有几种模式：中药材电商、在线问诊、O2O送药、O2O推拿保健，以及通过互联网进行健康管理、中医媒体、中医教育及智能化设备等。从投资数量上看，中医O2O、在线问诊、中医连锁获投数量最多，未来5G、人工智能等技术的快速发展，中医药行业发展更具多样性。

3. 中医药大健康产业发展潜力强大　随着中国人口老龄化不断加深和"健康中国2030"规划纲要的制定，有预测表明，到2030年中国健康产业产值将达到16万亿元，成为国民经济的支柱性产业。其中，中医药大健康产业将成为21世纪最具发展潜力的产业。数据显示，2018年中国中医药大健康产业市场规模超2万亿元。在利好政策、大健康概念等因素影响下，中医药大健康市场将进一步扩大。预计到2025年有望达到7.5万亿元。

二、近年来国家出台的中医药行业相关政策法规

1.《关于加强中医药健康服务科技创新的指导意见》（2018年7月）　到2030年，建立以预防保健、医疗、康复的全生命周期健康服务链为核心的中医药健康服务科技创新体系，完善"产学研医用"协同创新机制，中医药健康服务科技创新能力与创新驱动能力显著提升。

2.《关于加强中医医疗器械科技创新的指导意见》（2018年8月）　到2030年，中医医疗器械共性关键技术和核心部件的研发取得突破，研发并转化应用一批适应临床需要与市场需求的精细化、集成化、数字化、智能化产品；加强与微电子技术、信息科技、材料技术、新一代制造技术、传感技术和生物技术等现代科技相融合，中医医疗器械性能、质量与科技含量显著提升；进一步加强中医医疗器械科技创新平台体系建设，中医医疗器械标准体系基本完善，培养一批既懂中医又掌握现代科学技术的多学科交叉的研发人才与创新团队；中医医疗器械生产企业的创新作用和能力显著增强，提高产业竞争力与产业化水平。

3.《全国道地药材生产基地建设规划（2018—2025年）》（2018年12月）　到2020年，建立道地药材标准化生产体系，基本建成道地药材资源保护与监测体系，加快建设覆盖道地药材重点产区的生产基

地。到2025年，健全道地药材资源保护与监测体系，构建完善的道地药材生产和流通体系，建设涵盖主要道地药材品种的标准化生产基地，全面加强道地药材质量管理，良种覆盖率达到50%以上，绿色防控实现全覆盖。

4.《关于在医疗联合体建设中切实加强中医药工作的通知》（2019年7月） 切实提高思想认识和政治站位、推进中医医院牵头组建多种形式的医联体、全面提升县级中医医院综合能力、加强政策保障。

5.《中共中央国务院关于促进中医药传承创新发展的意见》（2019年11月） 其中的重点任务分工方案，包括健全中医药服务体系、发挥中医药在维护和促进人民健康中的独特作用、大力推动中药质量提升和产业高质量发展、加强中医药人才队伍建设、促进中医药传承与开放创新发展、改革完善中医药管理体制机制等。

6.《关于印发诊所改革试点地区中医诊所和中医（综合）诊所基本标准（2019年修订版）的通知》（2019年12月） 各试点城市卫生健康行政和中医药主管部门要加强对中医诊所和中医（综合）诊所的监督管理，发现不符合标准的要限期整改，整改不落实的，由登记机关注销《医疗机构执业许可证》。

三、中医药行业创新创业遵循准则

1. **实行中西医并重的方针** 2006年《中共中央关于构建社会主义和谐社会若干重大问题的决定》强调要"大力扶持中医药和民族医药发展"。2016年《中华人民共和国中医药法》第三条规定"国家大力发展中医药事业，实行中西医并重的方针"。第二十五条规定"国家保护药用野生动植物资源，对药用野生动植物资源实行动态监测和定期普查，建立药用野生动植物资源种质基因库，鼓励发展人工种植养殖，支持依法开展珍贵、濒危药用野生动植物的保护、繁育及其相关研究"。

2. **中医药和西医药协调发展** 2022年国务院办公厅印发《"十四五"中医药发展规划》强调"坚持中西医并重，传承精华、守正创新，实施中医药振兴发展重大工程，补短板、强弱项、扬优势、激活力，推进中医药和现代科学相结合，推动中医药和西医药相互补充、协调发展"。

3. **加强中医药科学研究** 《中医药发展战略规划纲要（2016-2030年）》要求"建立和完善符合中医药特点的科研评价标准和体系，研究完善有利于中医药创新的激励政策"，"不断提高中医药科研成果转化效率。开展中医临床疗效评价与转化应用研究，建立符合中医药特点的疗效评价体系"。

4. **促进中西医结合** 2016年《中华人民共和国中医药法》第三条规定"国家鼓励中医西医相互学习，相互补充，协调发展，发挥各自优势，促进中西医结合"。

5. **推进中医药现代化** 2016年《中华人民共和国中医药法》规定"推进中医药现代化、产业化，推动中医药高质量发展和走向世界，为全面推进健康中国建设、更好保障人民健康提供有力支撑"。

6. **健全完善中医药服务体系** 2016年，《中医药发展战略规划纲要（2016—2030年）》中提出"全面建成以中医类医院为主体、综合医院等其他类别医院中医药科室为骨干、基层医疗卫生机构为基础、中医门诊部和诊所为补充、覆盖城乡的中医医疗服务网络"。《中医药健康服务发展规划（2015—2020年）》提出"中医药健康服务政策基本健全，行业规范与标准体系不断完善，政府监管和行业自律机制更加有效，形成全社会积极支持中医药健康服务发展的良好氛围"。

7. **保持发挥中医药特色优势** 2016年《中华人民共和国中医药法》第三条规定"发展中医药事业应当遵循中医药发展规律，坚持继承和创新相结合，保持和发挥中医药特色和优势"。2021年国务院印发《关于加快中医药特色发展的若干政策措施》提出，夯实中医药人才基础，提高中药产业发展活力，增强中医药发展动力，完善中西医结合制度，实施中医药发展重大工程，提高中医药发展效益，营造中医药发展良好环境。

8. **加强农村基层中医药工作**　2002年，中共中央、国务院《关于进一步加强农村卫生工作的决定》和2003年卫生部、国家中医药管理局《关于进一步加强农村中医药工作的意见》等一系列文件中，系统地制定了农村中医药政策。2002年，卫生部等7部门在《中国农村初级卫生保健发展纲要（2001—2010）年》中提出"充分利用中医药资源，发挥中医药的特点与优势，不断提高农村中医药服务水平"。2004年国务院办公厅批转卫生部等十部门《关于进一步做好新型农村合作医疗试点工作指导意见》中强调"充分发挥中医药作用和优势，积极运用中医药为农民提供服务"。

9. **发挥中医药预防保健作用**　2020年《中医预防保健（治未病）服务科技创新纲要（2013—2020年）》中，提出"以为人民健康服务和促进人民身心健康为目标，把满足人民群众对中医预防保健（治未病）服务的需求作为出发点和落脚点，把握中医理论的内涵和特点，突出中医预防保健（治未病）服务的优势和特色，以理论提升为基础，技术集成为核心，效果评价为抓手，服务应用为重点，案例示范为引导，机制创新为保障，为提高中医预防保健（治未病）学术水平和服务能力提供科技支撑"。

10. **繁荣发展中医药文化**　2009年下发的《国务院关于扶持和促进中医药事业发展的若干意见》中，将繁荣发展中医药文化列为重要内容之一。国家中医药管理局2009年颁布了《中医医院中医药文化建设指南》，2007年《国家中医药管理局关于加强中医医院中医药文化建设的指导意见》，提出了一系列加强中医药文化建设的政策措施。

11. **加强中医药教育和人才培养**　2016年《中华人民共和国中医药法》第七条规定，"国家发展中医药教育，建立适应中医药事业发展需要、规模适宜、结构合理、形式多样的中医药教育体系，培养中医药人才"。

12. **加强中医药科学研究和学术创新**　2006年《中医药科学研究发展纲要（2006—2020年）》和2016年《中华人民共和国中医药法》等文件，都对中医药科学研究政策做了明确规定。

13. **发展民族医药**　2018年，国家中医药管理局、国家民族事务委员会等13部门联合发布《关于加强新时代少数民族医药工作的若干意见》。意见提出"到2030年，在民族地区建立较为完善的少数民族医药健康服务网络；少数民族医药健康服务能力进一步提高，防治常见病、多发病、地方病及部分重大疾病能力进一步增强；少数民族医药人才培养体系得到完善，人才队伍稳步壮大，基本建立起符合少数民族医药特点的执业准入制度；少数民族医药得到全面传承保护，科技创新能力稳步提升，可持续发展能力有效提高；少数民族医药产业化水平逐步提高，核心竞争力逐步增强；少数民族医药标准化体系逐步健全，少数民族医药文化得到繁荣发展，少数民族医药国际间交流与合作更加广泛"。

14. **促进中医药传承创新发展**　2019年《中共中央、国务院关于促进中医药传承创新发展的意见》，2020年《国家药监局关于促进中药传承创新发展的实施意见》，推出了一系列政策大力发展中医药产业，推动中医药传承创新发展。

四、大学生创新创业优惠政策

2021年，教育部发布《关于做好2022届全国普通高等学校毕业生就业创业工作的通知》(以下简称《通知》)，出台多项优惠政策大力促进高校毕业生引领计划。《通知》规定，在全国范围内实施大学生创业引领计划，通过提供创业服务，落实创业扶持政策，提升创业能力，帮助和扶持更多高校毕业生自主创业。各地公共就业人才服务机构要为自主创业的高校毕业生做好人事代理、档案保管、社会保险办理和接续、职称评定、权益保障等服务。各地区、各有关部门要进一步完善市场化社会化就业促进机制、充分发挥政策性岗位吸纳作用、强化就业指导服务、开展重点群体就业帮扶、完善就业统计发布机制、持续深化高等教育改革、加强组织领导。

1. **税收优惠政策** 持人社部门核发《就业创业证》的高校毕业生在毕业年度内创办个体工商户的，可按规定在3年内以每户12000元为限额（最高可上浮20%，具体由各省、自治区、直辖市人民政府根据本地区实际情况确定）依次扣减其当年实际应缴纳的增值税、城市维护建设税、教育费附加、地方教育附加和个人所得税。

2. **创业担保创业和贴息** 可在创业地申请创业担保贷款，最高贷款额度为20万元，对符合条件的个人合伙创业的，可根据合伙创业人数适当提高贷款额度，最高不超过总额的10%。对10万元及以下贷款、获得设区的市级以上荣誉的高校毕业生创业者免除反担保要求；对高校毕业生设立的符合条件的小微企业，最高贷款额度提高至300万元，财政按规定给予贴息。

3. **免收有关行政事业性收费** 毕业2年以内的普通高校学生从事个体经营（除国家限制的行业外）的，自其在工商部门首次注册登记之日起3年内，免收管理类、登记类和证照类等有关行政事业性收费。

4. **享受培训补贴** 对大学生在毕业年度内参加创业培训的，按规定给予培训补贴。

5. **免费创业服务** 有创业意愿的大学生，可免费获得公共就业和人才服务机构提供的创业指导服务，包括政策咨询、信息服务、项目开发、风险评估、开业指导、融资服务、跟踪扶持等"一条龙"创业服务。

6. **工商登记政策** 简化注册登记手续：创办企业，只需填写"一张表格"，向"一个窗口"提交"一套材料"，登记部门直接核发加载统一社会信用代码的营业执照，"多证合一"。

7. **开设创新创业教育课程** 自主创业大学生可享受各高校挖掘和充实的各类专业课程和创新创业教育资源，以及面向全体学生开发开设的研究方法、学科前沿、创业基础、就业创业指导等方面的必修课和选修课，享受各地区、各高校资源共享的慕课、视频公开课等在线开放课程，以及在线开放课程学习认证和学分认定制度。

8. **强化创新创业实践** 自主创业大学生可共享学校面向全体学生开放的大学科技园、创业园、创业孵化基地、教育部工程研究中心、各类实验室、教学仪器设备等科技创新资源和实验教学平台。鼓励各类孵化器面向大学生创新创业团队开放一定比例的免费孵化空间。政府投资开发的孵化器等创业载体应安排30%左右的场地，免费提供给高校毕业生。有条件的地方可对高校毕业生到孵化器创业给予租金补贴。

9. **改革教学制度** 自主创业大学生可享受各高校建立的自主创业大学生创新创业学分累计与转换制度，和学生开展创新实验、发表论文、获得专利和自主创业等情况折算为学分，将学生参与课题研究、项目实验等活动认定为课堂学习的新探索。同时也享受为有意愿、有潜质的学生制定的创新创业能力培养计划，创新创业档案和成绩单等系列客观记录并量化评价学生开展创新创业活动情况的教学实践活动。优先支持参与创业的学生转入相关专业学习。

10. **完善学籍管理规定** 有自主创业意愿的大学生，可享受高校实施的弹性学制，放宽学生修业年限，允许调整学业进程、保留学籍休学创新创业等管理规定。各高校要设置合理的创新创业学分，建立创新创业学分积累与转换制度，探索将学生开展自主创业等情况折算成学分。

11. **大学生创业指导服务** 自主创业大学生可享受各地各高校对自主创业学生实行的持续帮扶、全程指导、一站式服务，以及地方、高校两级地方服务平台，为学生实时提供国家政策、市场动向等信息，和创业项目对接、知识产权交易等服务。可享受各地在充分发挥各类创业孵化基地作用的基础上，因地制宜建设的大学生创业孵化基地和相关培训、指导服务等扶持政策。

12. **其他补贴政策**

（1）首次创业开业补贴 首次创办企业或从事个体经营并正常营业1年以上的，大中专学生（含毕业5年内的普通高校、职业学校、技工院校毕业生及在校生，以及毕业5年内的留学回国人员）、就业困难人员、返乡农民工；对上述类别人员，按规定给予5000元的一次性开业补贴。

（2）创业补贴　①对已进行就业失业登记并参加社会保险的自主创业大中专毕业生，可按照灵活就业人员待遇给予最长3年的社会保险补贴。②大学生新创办企业，正常经营并带动就业5人以上，且依法办理就业登记、签订1年以上的劳动合同、缴纳社会保险费满1年的，给予创业者每年最高1万元创业社会保险补贴，每带动1人就业给予企业每人每年500元的创业带动就业补贴，所有补贴最高不超过10万元，补贴期限不超过3年。

（3）税费减免　①对毕业3年以内的高校毕业生从事个体经营的，要按有关规定，自其在工商部门首次注册登记之日起2年内免收管理类、登记类和证照类等有关行政事业性收费。②对高校毕业生创办小型微型企业，年累计实际利润或年度应纳税所得额不超过10万元的，降低企业所得税税率和减半征收企业所得税。③对高校毕业生创办小型微型企业，月销售额不超过2万元的，暂免征收增值税和营业税。

（4）创业担保贷款　大学生自主创业，由于各地区的政策各不相同，贷款额度各地有差异，可以享受10万至30万元的担保贷款。办理手续已进一步简化，已经开辟了大学生创业担保贷款绿色通道来支持大学生自主创业。

目标检测

答案解析

一、单项选择题

1. 毕业2年以内的普通高校学生从事个体经营（除国家限制的行业外）的，自其在工商部门首次注册登记之日起（　　）年内，免收管理类、登记类和证照类等有关行政事业性收费。

A. 1　　　　　　　　B. 2　　　　　　　　C. 3　　　　　　　　D. 4

2. 在竞争激烈的社会环境中，就业者不但要实现自己的就业，还要保护自己的合法权益。关于毕业生合法权益的保护，下列说法正确的是（　　）

A. 熟悉和了解有关法律常识及规定，自觉提高毕业生个人法律意识

B. 遵循市场规则，预防侵害自身合法权益行为的发生

C. 签好就业协议书，充分发挥就业协议书的作用

D. 以上说法都正确

3. 自谋职业的毕业生，根据本人意愿，可将户口和人事档案暂存就读学校（　　）年或由市大中专毕业生就业指导中心存管（　　）年，存管期间免收档案管理费

A. 1　　　　　　　　B. 2　　　　　　　　C. 3　　　　　　　　D. 4

4.《中华人民共和国劳动法》自（　　）年1月1日施行的。

A. 1990　　　　　　B. 1995　　　　　　C. 1998　　　　　　D. 2000

二、多项选择题

当前我国大众创新创业呈现出（　　）新特点

A. 创业服务从政府为主到市场发力

B. 创业主体从"小众"到"大众"

C. 创业活动从内部组织到开放协同

D．创业理念从技术供给到需求导向

三、简答题

简述各地政府出台的创新创业政策对中医药行业创新创业有何影响。

（周文超　蔡婷婷）

书网融合……

知识回顾　　习题

PPT

学习目标

知识要求：

1. 掌握创业机会评价的方法。
2. 熟悉创业机会识别的方法。
3. 了解创业机会的概念。

能力要求：

学会通过定性定量的方法评价创业机会。

第一节　创业机会的识别与评价

一、创业机会的概念与特征

（一）创业机会的概念

创业机会，指在市场经济条件下，社会经济活动中形成和产生的一种有利于企业经营成功的因素，是一种带有偶然性并能被经营者识别和利用的契机。

（二）创业机会的特征

1. **普遍性**　凡是有市场、有经营的地方，客观上都存在创业机会。创业机会普遍存在于各种经营活动中。

2. **偶然性**　对企业而言，创业机会的发现和捕捉带有很大的不确定性，任何创业机会的产生都有"偶然"因素。

3. **易逝性**　创业机会存在于一定的时间空间范围内，伴随着产生创业机会的客观条件的变化，创业机会相应地会消逝和流失。

二、创业机会的来源

创业机会从何而来，这是个很重要但难以清楚阐述的问题。综合了众多观点后，我们认为，美国凯斯西储大学谢恩教授的观点很有代表性。谢恩教授提出了创业机会的四种来源，分别是技术变革、政治和制度变革、社会和人口结构变革以及产业结构变革。

（一）技术变革

技术变革可以使人们实现以前不可能做到的事情，或者更有效地去完成先前效果和效率很差的事情。新技术的产生也改变了企业之间的竞争模式，使得新企业的产生机会大大增加。比如，网络电话协议技术使得传统的资本密集型电话业务转化成为一种只需少量资金就可行的业务，为那些缺乏资本的创业者提供了新的机会。

（二）政治和制度变革

政治和制度变革消除了过去的禁区和障碍，或者将价值从经济因素的一部分转移到了另一部分，或者创造了更大的新价值。比如，环境保护和治理政策的出台，势必会将产业资源从那些污染严重、环境破坏性大的产业中转移到生态文明建设产业上来；又比如，专利技术的严格执行，会通过专利费的形式将价值转移到拥有专利的大公司，这就使得那些缺乏核心技术的企业从品牌企业沦为了加工厂甚至破产倒闭。

（三）社会和人口结构变革

改革开放以来，我国社会结构的变革主要体现在人口结构、家庭结构、就业结构和社会阶层结构等方面。其中，老龄化程度不断加深是人口结构转变的重要表现。老龄化社会的到来隐藏着无限商机，挖掘其价值，可以发展敬老院、老年人活动中心、养老护理等一系列的老年产业。

（四）产业结构变革

产业结构变革是指因其他企业或者为主体顾客提供产品或服务的企业消亡，或者企业吞并或互相合并等原因而使行业结构发生变化，进而改变行业中的竞争状态。产业结构变革影响创业机会。

创业机会源于变革，要发现创业机会就需要用发展的眼光看世界，对事物的变化保持敏感，学会预测未来，预测技术变革或商业模式创新带来的红利。

三、创业机会的识别

（一）影响创业机会识别的因素

1. **先前经验**　在特定的产业中，先前经验可以帮助创业者识别创业机会，这被称为"走廊原理"。它是指创业者一旦创立企业，就相当于开始了一段旅程，在这段旅程中，通向创业机会的"走廊"将变得清晰可见。人们一旦投身于某产业创业，就将比那些"外行"更容易看到这一产业内的新机会。

2. **认知因素**　创业机会识别可能是一项先天技能或一种认知过程。有人认为，创业者有"第六感"，这就使他们能看到别人察觉不到的机会。多数创业者认为自己比别人"更警觉""更敏感"。警觉在很大程度上是一种习得性的技能，对某个领域有着更多知识的人，比"外行"对该领域内的机会更警觉。如：相较于律师，计算机工程师对计算机行业内的机会和需求更警觉。

3. **社会关系网络**　个人社会关系网络的深度和广度影响着创业机会的识别。相较于那些社会关系网络简单的人，建立了大量社会联系与专家联系网络的人更容易得到机会和创意。多数创业者谈到，他们通过社会联系得到了他们的商业创意。一项考察了独立创业者（独自识别出创业机会的创业者）与网络型创业者（通过社会联系识别机会的创业者）之间差别的研究发现，网络型创业者比独立创业者识别出更多机会。

4. **创造性**　从某种程度上讲，机会识别是一个创造过程，是不断反复的创造性思维过程。在诸多奇闻轶事中，可以看到创造性包含在许多产品、行业的形成过程中。

我国在《"健康中国2030"规划纲要》中专门设立了"发挥中医药独特优势"篇章，其中明确指出了我国中医药发展的重点及任务，要充分利用我国在中医药资源上的优势，逐步打造出一批特色中医药健康产业，将其融入"健康中国"建设各个方面，并使其发展成示范产业。随着我国时代经济发展和人民对健康要求的逐步提高，中医药健康产业应运而生，这一全新理念强调的不仅是身体健康，还包含人们精神、心理、生理等方面的完全健康，其倡导的不仅是科学健康地生活，还包括正确消费以及合理地进行健康管理等，涉及各类与健康相关的服务和产品，以及为了满足社会的健康需求所采取的各种活动和服务。因此，大力发展中医药健康产业，其根本就是要转变传统医疗产业的发展模式，引入新思路、新方案，实现从"治疗"这一单一模式向"防－治－调－养－保"多样化模式的转变。

（二）识别创业机会的方法

1. **通过系统寻找发现机会**　多数机会都可以通过系统分析发现。人们可以从企业所处的宏观环境（政治、经济、法律、技术等方面）和微观环境（顾客、竞争对手、供应商等）的变化中发现机会。借助市场调研，从环境变化中发现机会，是发现机会的一般方法。

2. **通过问题分析和顾客建议发现机会**　进行问题分析时，可以围绕"什么才是最好的"这一问题探索有效且有回报的解决方法，这对创业者来说是识别机会的有效途径。这个分析需要全面了解顾客的需求，进而探索出满足这些需求的方法。

另外，一个新机会可能会由顾客识别出来，因为他们最清楚自己需要什么。在顾客的反馈中，他们往往提出诸如"如果那样不是更好吗"之类的非正式建议。而创业者从顾客的这些建议出发，往往可以发掘创业机会。所以，一个讲究实效的创业者总是渴望从顾客那里征求意见建议。

3. **通过创造获得机会**　这种方法在新技术行业中最为常见。它可能始于为了满足市场需求而对新技术、新知识的探索；也可能始于对一项新技术商业价值的开发。通过创造获得创业机会的方法比其他方法都困难，风险也更高，但成功后的回报也更大。这种创造在人类所有具有重大影响的创新中，居于压倒性的主导地位。

四、创业机会的评价

（一）定性评价方法

斯蒂文森等人（1994年）认为，对创业机会的充分评价需要考虑以下几个重要问题：

（1）机会的大小、存在的时间跨度和随时间成长的速度等问题；

（2）潜在的利润是否足够弥补资本、时间和机会成本的投资，带来令人满意的收益；

（3）机会是否开辟了额外的扩张、多样化或综合的商业机会选择；

（4）在可能的障碍面前，收益是否会持久；

（5）产品或服务是否真正满足了目标市场的真实需求。

隆杰内克等人（1998年）提出了评价创业机会的五项基本标准：

（1）对产品有明确界定的市场需求，推出的时机也是恰当的；

（2）投资的项目必须能够维持持久的竞争优势；

（3）投资必须具有一定程度的高回报，从而允许一些投资中的失误；

（4）创业者和机会之间必须相互适合；

（5）机会中不存在致命的缺陷。

（二）定量评价方法

1. 标准打分矩阵法　标准打分矩阵法是通过选择对创业机会成功有重要影响的因素，并由专家小组对每一个因素进行最好（3分）、好（2分）、一般（1分）三个等级的打分，最后求出对于每个因素在各个创业机会下的加权平均分，从而可以对不同的创业机会进行比较。以下列出了其中10项主要的评价因素：易操作性；质量和易维护性；市场接受性；增加资本的能力；投资回报；专利权状况；市场大小；制造的简单性；口碑传播潜力；成长潜力，在实际使用时可以根据具体情况选择其中的全部或部分因素来进行评价。

2. 温斯丁豪斯法　温斯丁豪斯法实际上是计算和比较各个机会的优先级。其计算公式如下：

$$机会优先级 = \frac{技术成功率 \times 商业成功率 \times （价格 - 成本） \times 投资生命周期收入}{总成本}$$

在该公式中，技术成功率和商业成功率是以百分比（0~100%）表示；成本是以单位产品成本计算；投资生命周期收入是指可以预期的所有收入；总成本包括研究、设计、制造和营销等环节的成本之和。对于不同的创业机会，应将具体数值代入计算，特定机会的优先级越高，该机会越有可能成功。

3. 珀泰申米特法　珀泰申米特法就是计算创业机会的成功潜力指标。对于每个因素来说，不同选项的得分可以从 −2 分到 +2 分，通过对所有因素得分的加总得到最后的总分，总分越高，说明特定创业机会成功的潜力越高。只有那些最后得分高于15分的创业机会，才值得创业者进行下一步的策划，低于15分的都应被淘汰。

4. 贝蒂的选择因素法　在贝蒂的选择因素法中，通过对11个选择因素的设定来对创业机会进行判断。如果某个创业机会只符合其中的6个或更少，该创业机会的成功机会较小；相反，如果这个创业机会符合其中的7个或更多，那么该创业机会将大有希望。

5. 蒂蒙斯创业机会评价模型　蒂蒙斯总结出一个包含八类分项指标的创业机会评价模型。该评价模型提供了一些量化方式，使创业者可以对行业与市场、经济因素、收获条件、竞争优势、管理团队、创业家的个人标准、理想与现实的战略性差异、致命缺陷等问题作出判断，以及这些要素加起来是否可以组成一个有足够吸引力的商机。一些风险投资商、政府基金和创业大赛就是借用了该模型对创业项目进行评价。

五、适合大学生的创业机会

（一）满足大学生学习和生活需求的产品和服务

大学生创业者对于学生市场的需求是最为了解的，这是多数大学生开始创业时首先考虑到的方向。创业者可以通过回顾自己在大学生活中遇到的问题或不满的地方，也可以通过对在校大学生进行问卷调查，从而了解大学生的各种重要需求，然后从中挑选出最适合自身资源的创业机会。

（二）特色零售店或服务项目

零售和服务行业的进入门槛不高，对资金、技术和团队的要求较低，服务的对象又非常广泛。随着消费者需求的持续变化，创业机会层出不穷，每年都会有新的模式和新的企业迅速崛起，这一行业适合于多数大学生进行创业。零售和服务行业最需要的就是商业模式和服务的创新，创业者把自己的独特创意融入其中，就有可能开创出新的零售模式或特色服务项目。

（三）网上开店或网络服务

80后、90后的大学生对于互联网非常熟悉，互联网上的创业机会也异常丰富。最普遍的网上创业就是开网店，在网上注册账户卖自有产品或代销。网上开店的秘诀在于透彻理解网上购物行为，通过合理规划产品的品类、高水平地展示产品、积极管理客户评价等方面来提高网店的利润。此外，大学生还可以创造出特色的网络服务，以低成本实现客户价值。例如，财客在线就是通过满足年轻人记账的需要而成功的，通过会员付费和广告收入来盈利。

（四）处于同质商品阶段的小产品的品牌化经营

成熟行业给大学生的创业机会比较少，毕竟行业格局已经形成，只有一些零散型的产业才有创业的机会，例如那些处于商品化阶段的日常用品或农产品。这些小产品的行业内竞争层次很低，同质化的产品如果以相同的价格很难做大企业和打造品牌，企业的利润也很微薄。因此，创业者需要转换经营思路，进行品牌化运作，提升将产品的档次，甚至加入一些创意元素。例如，可以从杯子、镜子、梳子、玩具等日用品或农产品中选择创业项目，将小产品打造成特色品牌。

（五）开发具有技术含量的新产品

大学生创业者（尤其是理工科学生）可以开发出新产品，以创新技术作为创业的关键资源，组建公司来生产和销售新产品（或提供技术服务）。新产品的开发是很难靠某个人就能成功的，它需要一个团队来协作开发，一般以导师为核心的研究团队有可能开发出更高技术含量的新产品。

创业者如果自身无法开发新产品，就可寻找可以合作创业的新产品开发者，这需要创业者与研发人员的能力互补。这种创业可以获得政府相关机构的大力支持，尤其是与政府政策相关的战略性新兴产业和其他重点产业更是有可能成为政府关注与扶持的典型创业项目。

（六）国外最新成功模式的移植

发达国家的经济与技术走在我国的前面，它们曾经历过的创业机会也很可能在今天的中国出现。这需要用历史的眼光来看待经济和技术的发展，找出不同经济阶段的典型商业形态，从而借鉴发达国家成功把握这些机会的经验。

第二节　创业资源的整合与管理

一、创业资源的概念

创业资源是指企业创立及成长过程中所需要的各种生产要素和支撑条件，是创业企业在创造价值过程中所需要的特定资产。

对于创业者来说，只要是对其创业项目和创业企业的发展有所帮助的要素，都可以归入创业资源的范畴。创业者既要积累个人资源，也要善于创造性地整合社会资源，以创造有利于创业的良好条件。

二、创业资源的分类

（一）按性质分

1. **人力资源**　不仅包括创业者及创业团队的知识、训练和经验等，也包括团队成员的专业智慧、判断力、视野和愿景，甚至创业者本身的人际关系网络。创业者是创业企业最重要的人力资源，其价值观念和信念是创业企业的基石，其所拥有的人际和社会关系网络使其能够接触到大量的外部资源，降低潜在的创业风险。鉴于企业之间的竞争主要是人才之间的竞争，高素质人才的获取和开发便成为创业企业可持续发展的关键因素。

2. 财务资源　主要是指货币资源，通常是创业企业向债权人、权益投资者通过内部积累筹集的负债资金、权益资金和留存资金。一般来说，创业初期以不高于市场平均水平的资本成本及时筹集到足额的财务资源，是创业企业成功创办和顺利经营的前提条件。

3. 物质资源　是创业企业经营所需要的有形资源，如建筑物、设施、机器和办公设备、原材料等。一些自然资源如矿山、森林等有时也会成为创业企业的物质资源。

4. 技术资源　包括关键技术、制造流程、作业系统、专用生产设备等。通常，技术资源包括三个层次：一是根据自然科学和生产实践经验而发展成的各种工艺流程、加工方法、劳动技能和诀窍等；二是将这些流程、方法、技能和诀窍等付诸实施的相应的生产工具和其他物资设备；三是适应现代劳动分工和生产规模等要求的对生产系统中所有资源进行有效组织和管理的知识、经验和方法。技术资源大多与物质资源相结合，可以通过法律手段予以保护，部分技术资源会形成组织的无形资产。

5. 组织资源　一般是指企业的正式管理系统，包括企业的组织结构、作业流程、工作规范、信息沟通、决策体系、质量系统以及正式或非正式的计划活动等，有时候组织资源也可以表现为个人的技能或能力。其中，组织结构是一种能够使组织区别于竞争对手的无形资源。那些能将创新从生产功能中分离出来的组织结构会加速创新，能将营销从生产功能中分离出来的组织结构能更好地促进营销。

（二）按存在形态分

1. 有形资源　是指具有物质形态的、价值可用货币度量的资源，如组织赖以生存的自然资源，以及建筑物、机器设备、原材料、产品、资金等。

2. 无形资源　是指具有非物质形态的、价值难以用货币精确度量的资源，如信息资源、关系资源、权力资源以及企业的信誉、形象等。无形资源往往是调动有形资源，使有形资源更好发挥作用的重要手段。

（三）按重要性分

1. 核心资源　包括技术资源和人力资源。这些资源涉及创业企业有别于其他企业的核心竞争力。

2. 非核心资源　主要包括场地、资金和环境资源。这些资源是创业企业成功创办和持续经营的基本资源。

（四）按来源分

1. 内部资源　是指创业者或创业团队自身所拥有的可用于创业的资源，如创业者自身拥有的可用于创业的资金、技术、创业机会信息等。

2. 外部资源　来自于外部机会的发现，是创业者从外部获取的各种资源，包括从朋友、亲戚、商务伙伴或其他投资者筹集到的投资资金、空间、设备或其他原材料等。

三、创业资源的获取

（一）影响创业资源获取的因素

1. 创业导向　创业导向是一种态度或意愿，这种态度或意愿会导致一系列创业行为。创业导向会通过促进机会的识别和开发，进而促进资源的获取。

2. **商业创意的价值**　创业的关键在于商业创意。商业创意为资源获取提供了杠杆，但获取资源还有赖于创意的价值被资源所有者认同的程度。

3. **创业资源的配置方式**　由于创业资源的异质性、效用的多维性和知识的分散性，人们对于同一创业资源往往具有不同的效用期望，有些期望难以依靠市场交换得到满足。

4. **社会网络**　社会网络是机构之间以及人与人之间比较持久的、稳定的多种关系结合而成的网络关系。由于创业资源广泛存在于各种资源所有者手中，这些所有者又处于一定的社会网络之中，而且人们对于商业活动的认识和参与客观上会受到自己所处网络及在网络中地位的影响。

（二）获取创业资源的途径

1. **市场途径**　通过市场途径获取创业资源的途径包括购买和联盟两种。

购买是指利用资金资源以市场购入的方式来获取外部资源，主要指购买厂房、设备等物质资源，购买专利、技术，聘请技术人员以及通过外部融资获取资金等。需要注意，如知识，特别是隐性知识等资源，虽然可能会包含在非知识资源中，可以通过购买物质资源（如机器设备等）而得到，但很难通过市场直接购买，因此，需要创业者通过非市场途径开发或积累。

联盟是指通过联合其他组织，对一些难以或无法自己开发的资源实行共同开发。这种方式除了可以汲取显性知识资源，还可以获取隐性知识资源。但联盟的前提是双方的资源和能力可以互惠互利，而且能够在资源的价值和使用方面达成共识。

2. **非市场途径**　通过非市场途径获取创业资源的方法包括资源吸引和资源积累等。

资源吸引是指发挥无形资源的杠杆作用，充分借助创业企业的商业计划以及创业团队的声誉，通过对创业前景的描述来吸引物质、技术、人力和资金资源等。

资源积累是指在企业内部利用现有的资源培育形成所需的资源。主要包括企业自建厂房、设备，企业内部开展技术研发，通过培训提升企业员工的技能，通过企业的自我积累获取资金等。

（三）获取创业资源的技巧

1. **充分重视人力资源的获取**　人力资源在创业资源中的决定性作用要求创业者必须充分重视人力资源的获取。创业者一方面应努力增强自身能力的培养，另一方面应充分重视创业团队的建设。一支知己知彼、才华各异、能力互补、目标一致和彼此信任的团队是创业资源中最为重要的资源，也是创业成功必不可少的保证。

2. **以能用和够用为原则**　不是所有的资源都是企业的资源，创业者在获取资源时应坚持能用的原则，只有满足自己需求、自己可以支配并使其充分发挥作用的资源，才是需要获取的资源。另外，资源的使用是有代价的，因此，在获取创业资源时应该本着够用的原则，而不是多多益善。一方面，资源的有限性使创业者难以筹集更多的资源；另一方面，当使用资源的收益不能弥补其成本时，资源的使用并不能给企业带来效益。

3. **尽可能获取多用途资源和杠杆资源**　资源自身的特性决定了其用途的不同，有的资源可能在不同场合具有不同的用途，获取具有多用途的资源可以帮助创业者应付创业过程中出现的意外。在知识社会，具有独特创造性的知识是现代社会的高杠杆资源，对于杠杆资源的合理利用，有助于创业者取得一定的杠杆收益，达到事半功倍的效果。

四、创业资源的整合

成功的创业者善于利用关键资源的杠杆效应，利用他人或者其他企业的资源来完成自己创业的目的。创业资源整合包括创造性拼凑、获取杠杆资源、步步为营等策略。

（一）创造性拼凑

为了解决新问题，把握新机会，新创企业要整合手边的现有资源，用活资源。

1. 拼凑要素　拼凑的要素有：①现有资源。拼凑者拥有一批零碎的资源，包括廉价或免费的资源，可能是物质技能、理念等。②新的用途。拼凑者为了其他目的，整合和重新利用资源。③就近使用。拼凑者的行为准则是经常利用手边的资源将就使用。

2. 拼凑方法　①全面拼凑。创业者在物质、人力、技术、制度规范和顾客市场等诸多方面长期使用拼凑方法，在企业现金流步入稳定后依然不停止拼凑的行为。创业初期，创业员工往往身兼数职、一人多岗，有助于加速人才锻炼与成长。②选择性拼凑。创业者在拼凑行为上有一定的选择性，有所取舍。在应用领域，他们往往只选择在某些领域内进行拼凑。在应用时间上，他们只在早期创业资源紧缺的情况下采用拼凑，随着企业的发展逐渐减少拼凑，甚至到最后完全放弃。比如：改革开放初期，许多民营企业依靠国有企业淘汰的二手设备起家，完成原始积累后，才逐步更新装备。

（二）获取杠杆资源

1. 杠杆资源　杠杆资源是指个体或企业通过资源杠杆作用来追求机会而获取的外部资源。

杠杆资源具有杠杆作用。无形资源往往是撬动有形资源的重要杠杆。时间、人力资源是最具有杠杆性质的资源。创业者可以通过各种平台与专业领域的专家建立人脉关系，获得智力支持。

2. 获取策略　杠杆资源获取途径往往受新创企业战略的影响。①挖掘人脉资源。获得杠杆资源的途径通常包括创业团队、家族、企业联盟和关系网络等。新创企业可以多渠道寻找杠杆资源。②租借杠杆资源。创业之初，通过聘用创业顾问、创业导师等方式，获得相关领域专业指导，延伸该领域的信息资源和人脉资源。③获得互补资源。互补资源有助于提高杠杆资源利用效率和效果。通过把不同类型的资源以不同的方式进行整合，就产生了杠杆资源。互补资源在多边商业模式中经常使用。以商业银行的银行卡为例，商业银行"发卡"规模有助于吸引商家与其合作。同时，合作商家规模和优惠活动有助于拓展发卡业务。

3. 操作技巧　①有形资源杠杆。通过有形资源获得更多的有形资源。有形资源杠杆经常需要与资源所有者进行直接交易或签订商务合约。比如，创业者利用掌握的资产，通过抵押融资，购买或租赁更多的资源。②无形资源杠杆。创业者通过个人网络关系和声誉等无形资源，与外部资源所有者建立联系，获得外部资源。特别是，社会网络是异质的、有价值的资源，创业者可以将其作为获得其他资源的重要杠杆。③股权资源杠杆。股权不仅可以融资、吸引人才，也可以整合上下游资源，建立战略合作关系。一个好的创业项目中，股权是新创企业最大的资源。创业者需要特别注意，能够用资金解决问题的资源，千万不要动用股权资源。

（三）步步为营

在缺乏资源的情况下，创业者可以分多个阶段投入创业资源，并在每个阶段或决策点投入最少的创业资源，步步为营稳扎稳打，推进创业活动。杰弗里·康沃尔的《步步为营：白手起家之道》一书，全面阐述了新创企业由于受到可用资源的限制，如何通过寻找创造性的方式来开发机会，获得成长。

1. 基本假设　①创业资源是稀缺的。对创业者而言，创业资源不只是一个常态。②创业资源难以获取。创业者想从外部获得创业资源存在诸多困难。如难以取得银行信任，难以获得创业贷款。

2. 操作技巧　①控制需求总量。在商业模式设计环节，减少对创业资源的需求。在创业活动推进时，要控制欲望杜绝浪费。②延迟使用资源。从时间维度上来看，尽可能延迟资源使用。③熟知资源结构。创业者要熟知创业资源分布及其构成。比如从成本结构来看，人力资源是创业活动中最大的成本。④节约资源使用。资源节约战略和技术涵盖了新创企业所有的职能，如市场营销、人力资源、存货管理、生产管理、现金流管理和行政管理等。

● 实训实练二　中医药养生保健公司创业计划书

【实训目的】

通过中医药养生保健公司创业计划书的编写，模拟分析创业机会和创业资源，积累创业相关知识和能力，为创业做准备。

一、相关准备

（1）每5~10人为一组。

（2）计算机、中医药养生保健类企业的计划书案例。

二、具体要求

1. 计划书内容　应合乎逻辑、条理清晰、力求简洁、重点突出，具有可行性，相关统计数据要保证科学、真实、有参考价值。

2. 编写提纲　创业计划书正文包括项目介绍等7项内容。可根据自身特点，对以下内容进行合理调整。

（1）执行总结　包括总结公司所开展项目的主体内容、特色、理念、服务对象、公司定位、人员组成、宗旨等。

（2）项目介绍　描述市场需求、行业背景、政策导向、发展前景等；准确定义所提供的产品、技术或服务；明确阐述公司特色、组织机构等。

（3）市场分析　基于科学严谨、广泛深入的市场调研，分析面对的市场现状，结合市场需求，提出目标市场，客观、全面、合理地分析竞争对手、阐释中医药养生保健公司所具有的优势和劣势。调研数据要真实有效，分析方法要科学合理，符合逻辑。

（4）发展战略　阐释创办公司的总体进度安排、发展战略等。包括中医药养生保健公司1年、5年、10年等阶段的建设进度安排；公司产品和服务设计的基本思想、原则等。

（5）创业团队　介绍公司团队核心成员及其教育、工作背景，明确各成员的岗位职责，概述公司的组织架构以及管理层成员，创业顾问以及主要的投资人和持股情况。

（6）资金运作与财务预测　包括资金来源、营运计划、投资收益与风险分析、资金估值、财务报表及财务指标、营业额预测、盈利能力、投资回报期等等。

（7）风险应对　阐述当公司面临技术、市场、财务等关键风险，如资金问题等时，合理可行的应对预案。

三、实训作业

请按照以上要求，结合自身拥有的中医药养生保健资源，拟一份中医药养生保健公司创业计划书。

目标检测

答案解析

一、单项选择题

下列不属于创业机会的特征的是（   ）

　　A. 普遍性　　　　　　B. 偶然性　　　　　　C. 易消逝　　　　　　D. 恒常性

二、多项选择题

1. 影响创业机会识别的因素有（   ）

　　A. 先前经验　　　　　B. 认知因素　　　　　C. 社会关系网络　　　D. 创造性

2. 识别创业机会的方法有（   ）

　　A. 通过系统分析发现机会　　　　　　B. 通过问题分析发现机会

　　C. 通过创造获得机会　　　　　　　　D. 通过顾客建议发现机会

3. 以下属于适合大学生的创业机会的是（   ）

　　A. 满足大学生学习和生活需求的产品和服务　　B. 特色零售店或服务项目

　　C. 网上开店或网络服务　　　　　　　　　　　D. 处于同质商品阶段的小产品的品牌化经营

4. 以下属于创业资源的是（   ）

　　A. 人力资源　　　　　B. 财务资源　　　　　C. 物质资源　　　　　D. 技术资源

5. 以下属于影响创业资源获取的因素的是（   ）

　　A. 创业导向　　　　　B. 商业创意的价值　　C. 创业资源的配置方式　　D. 社会网络

三、简答题

简述获取创业资源的途径。

（秦欢欢）

书网融合……

知识回顾　　　　习题

第五章　创业计划与商业模式

PPT

学习目标

知识要求：

1. 掌握创业计划书的撰写原则和互联网背景下的六种商业模式。
2. 熟悉创业计划书中包含的内容和商业模式的基本要素。
3. 了解商业模式的主导逻辑。

能力要求：

学会根据创业项目撰写创业计划书。

第一节　创业计划的撰写

一、创业计划概述

创业计划是创业者开启创业大门的"金钥匙"。一个完美的创业计划往往会使创业者在创业路上少走弯路，更快到达彼岸。

创业计划书是创业者计划创立业务的书面摘要。它用以描述与拟创办企业相关的内外部环境条件和要素特点，为业务的发展提供指示图和衡量业务发展状态的标准。通常创业计划是市场营销、财务、生产、人力资源等职能计划的综合。

二、创业计划撰写应遵循的原则

在信息高速发展的当今社会，在创业过程中创业计划书使用的频率不断增高。写好创业计划书不但会增强创业者的自信心，还会增强风险投资者、合作伙伴、员工、供应商、分销商对创业者和创业项目的信任和信心。在进行创业计划书的撰写时，应遵循6C原则。

（一）概念（Concept）

就是让别人知道你要卖的产品或者服务的内容是什么。

（二）顾客（Customers）

明确目标客户的范围即服务群体是谁。比如是男性还是女性，若是女性，是30岁以下的还是30岁以上的女性。

（三）竞争者（Competitors）

要确认目前市场中，你所销售的产品或服务项目是否已经有人在卖或者服务。正所谓知己知彼，百战不殆。

（四）能力（Capabilities）

要销售的产品自己是否非常了解它的构成及原理，提供的服务自己是否熟悉它的服务内容等。比如经营开设一家美容养生会所，如果技师辞职了，自己能否为顾客服务？

（五）资本（Capital）

资本可能是现金，也可以是有形或无形资产。要非常清楚自身创业的资本在哪里、有多少资本——自有的部分有多少，可以借贷融资的有多少。

（六）持续经营（Continuation）

当创业项目稳步发展后，要有更长远的打算，制定项目的未来发展计划，才能保证项目能够持续经营。

三、创业计划书包含的内容

（一）封面

创业计划书的封面要从审美和艺术两个角度去设计，让封面设计具有吸引力，从而吸引浏览者去打开后面的内容。一个好的封面设计可以给客户留下不错的第一印象。一个贴合主题的封面能使整个计划书变得更加得体、大方。封面设计尽可能以企业文化或者企业产品相关的图片作为背景，封面内容一般包括企业名称、企业标志（LOGO）、创始人姓名、联系方式、企业邮箱、地址。

（二）目录

创业计划书目录是创业计划按照章节顺序逐一排列并对应页码。目录可以让客户或评委更直接快速地看到其想了解的具体内容。

（三）正文

正文一般包括项目实施概要和企业描述、行业及市场分析、产品或服务介绍、创业者团队、市场分析、营销策略、财务及融资规划、风险评估、附录等九个部分。

1. 项目实施概要和企业描述　实施概要和企业描述是创业计划书中的两个重要部分。一份好的项目实施概要能够让投资者了解这个新创企业的创新点在哪，看到关于企业永续经营的明确论述，以及员工、技术和市场前景的总体情况。

企业描述是创业计划书的主体部分，主要包括介绍企业历史、企业文化理念、企业的社会责任、产品或服务、企业经营现状、法律地位和所有权等内容。

2. 行业及市场分析　行业及市场分析中，要客观评价所在行业的基本特点、竞争情况以及未来发展趋势等。行业和市场分析主要对企业所在的行业基本情况，企业的产品或服务的现有市场情况、未来市场发展前景进行分析，使投资者了解产品或服务的目前市场销售状况。这是投资者非常关注的重点问题之一。

行业分析主要介绍行业的发展趋势、目前行业发展中存在的问题、国家地方的相关政策、市场容量以及市场竞争状况、行业主要盈利模式、市场策略等内容。

市场分析包括现有的市场客户情况、新产品或者服务的市场前景预测等几部分。已有市场用户情况，要分析企业在以往经营中拥有的用户类型以及用户数量；产品或服务的市场占有率如何、市场竞争情况如何、是否已经建立了完善的市场营销渠道等。

3. 产品或服务介绍　这部分内容也是投资人最想了解的内容之一。公司的产品、技术或者服务能否解决现实问题；或者企业的产品和服务有什么特点，能带给客户什么体验；公司产品和服务与同行的差异在哪，这些内容都是要在创业计划书呈现的。

通常产品或服务的介绍包括：产品或服务的概念、性能及特点；主要产品或服务介绍；产品或服务的市场竞争力；产品或服务的研究和开发过程；开展新产品或新服务的计划和成本分析；产品或服务的市场前景预测；产品或服务的品牌和专利。

4. 创业者团队　创业者团队介绍是方便投资者评估创业团队的管理能力，创业者团队应包括描述创业者团队的组成、成员所具备的职能、主要管理人员及其主要职能、企业的组织架构、董事会、投资者的股权状况、专业顾问和服务机构等。

创业者团队的撰写中通常包含以下内容。

（1）列出企业主要管理职位成员，附上组织架构图。

（2）主要管理人员描述。附上主要管理人员的职责及其职业生涯的出彩部分，包括从业或经历、学历背景和主要成就等，特别是与产品或服务相关的专门技术、技能和成就等内容。

（3）管理层薪酬及股权。说明企业的薪资待遇情况、计划安排的股票所有权和管理团队中每个主要成员的股权数额等。

（4）其他投资者。简述企业中其他投资者所占公司股份比例。

（5）董事会。列出董事会人数和构成，以及所有董事会成员的背景及他们的分工。

（6）顾问及服务机构。列出产品或服务聘请的企业顾问以及法律、会计、银行、专家等，并说明他们将如何助力企业实现目标。

5. 市场分析　企业要开发一种新产品或提供一项服务时，首先要进行市场分析。在创业计划书中，市场分析应包含以下内容：市场现状概况、竞争企业分析、目标消费者和目标市场、本企业产品或服务的市场地位、市场发展趋势和特征等。新创企业对市场的分析应建立在全面的市场调研基础上。因为它所面对的市场，本来就有不确定性的特点。因此，新创企业应尽量扩大调研信息的范围，重视对市场环境的分析并且采用科学的分析手段和方法。

市场分析首先要对需求进行分析，市场是否存在对这种产品的需求？需求程度是否可以给企业带来所期望的收益？新的市场规模有多大？需求发展的未来趋向及其状态如何？影响需求的因素有哪些。其次，市场分析还要包括对市场竞争情况的分析。对企业面临的竞争格局进行分析，市场中主要的竞争对手有哪些、企业预计的市场份额是多少、企业进入市场后会引起竞争者怎样的反应、这些反应对企业会有什么影响等。

6. 营销策略　营销策略主要是新创企业将如何制定营销计划达到预期的盈利目标。从总体营销策略、定价策略、销售过程和促销组合及销售渠道等方面来展现营销策略的主要内容。营销策略通常包括以下内容。

（1）总体营销战略。描述新创企业的特定营销理念和战略，强调产品的某些特征（如质量、价格、交货、保修或培训），产品或服务的创新点或与众不同的营销理念。并阐明将来的销售发展计划。

（2）定价战略。描述产品的价格优势，并把定价原则和主要竞争对手的定价策略进行对比。列出产品的成本和最终销售价格之间的毛利润，指出该利润是否足以承担分销、保修、培训、设备折旧、价格竞争等方面的成本，最终是否还有收益。

（3）营销战略。说明企业销售产品将采用的策略以及短期和长期的营销计划，列出销售预算和所有的营销推广成本以及服务成本。

（4）促销与广告。描述企业使用的促销和广告推广的方式，列出促销策略及投入广告宣传需要的费用。

（5）分销渠道。描述拟采用的分销方式和分销渠道，分析罗列产品运输费用占销售价格的比重。

7. 财务及融资规划　企业财务规划是对创业计划书的补充和说明。如果财务规划准备不充分，投资者会认为创业公司缺乏经验，降低企业风险的评估价值，同时也会增加企业的经营风险。事实上，财务规划和企业的生产计划、人力资源计划、营销计划等都是缺一不可的。

财务规划需要结合公司实际做具体分析，其中包括现金流量表、资产负债表以及损益表的制备。流动资金是企业的生命线，因此企业在初创或扩张时，对流动资金需要有预先周详计划并且进行严格的过程控制；损益表反映的是企业的盈利状况，它是企业经营运作后的经营结果；资产负债表则反映在某一时刻的企业状况，投资者可以用资产负债表中的数据得到的比率指标，来衡量企业的经营状况以及可能的投资回报率。

财务规划一般要包括以下内容：预计的资产负债表、预计的损益表、现金收支分析以及资金的来源和使用。

融资规划主要是根据企业的经营计划提出企业资金需求数量、投资者的权益、财务收益及其资金安全保证、融资的方式与工具、投资退出方式等，它是资金供求双方共同合作前景的规划分析。

融资规划主要内容包括：①融资数额是多少、已经获得了哪些投资、希望向战略合伙人或风险投资人融资多少、计划采取哪种融资工具——是以贷款、出售债券或者是以出售普通股、优先股的形式筹集。②公司未来的资本结构如何安排、公司的全部债务情况怎样。③公司融资所提供的抵押、担保文件、以什么物品进行抵押或者质押、什么人或者机构提供担保。④投资收益或未来再投资如何安排。⑤如果以股权形式投资，双方对公司股权、控制权及所有权比例将如何安排。⑥投资者进入公司后，公司的经营管理体制如何设定。⑦投资资金如何运作、投资的预期回报、投资者如何监督、控制企业运作等。⑧对于风险投资的退出途径和方式是什么，是企业回购、股份转让还是企业上市。

由于企业和投资者存在多种合作模式，因此还需要设计几种备选方案，列出不同盈利模式下的资金需求量及资金投向。

8. 风险评估　风险评估主要包括以下几个方面：①初创企业。如果企业刚刚成立，或组建团队时间不久，这是需要讨论的主要风险点。②资本不足。如果企业没有按创业计划开展业务活动，那么公司很可能会因为缺乏收入和资金流来维持长期经营，这是一个潜在风险。③管理经验匮乏。要考察公司主要管理层的创业经验以及相关从业经验是否丰富，这也是风险评估中需要考量的因素。④不确定的市场环境。商业计划书中要阐明目前行业市场存在的不确定性和潜在的行业危机。⑤产品生产的不确定性。产品生产的牵扯因素较多，所以在风险评估中必须要说明生产环节中的不确定性。比如，一种中药香囊从未在企业生产线中批量生产，那从中药的采购、香囊材料的选择，以及最终投入生产线都是不确定因素。⑥清偿能力。任何一个公司经营，都存在不同风险。对于公司是否有足够的清偿能力，在商业计划书中也应该进行分析。因为任何投资人都关心，如果企业一旦破产清偿，自己的投资能回收多少。⑦其他可能出现的问题。风险评估中最后还需要阐述包括财政储备、市场份额占有率，经济管制或其他政府设立的规章制度、非投资股东对企业的控制以及红利等。

9. **附录** 附录是对创业计划书中主要内容的补充，由于篇幅的限制，有些内容不宜在主体部分做过多的描述，附录的功能就是提供更多的、更翔实的补充空间，完成主体部分中需补充的内容或需要提供参考资料的内容。附录内容一般包括：市场调查问卷及市场研究数据、有关技术支撑材料如专利证书或获奖证书、服务群体、分包商和供应商以及行业对手、报价材料、工艺流程图、有关法律文书等。

第二节　商业模式的选择

一、商业模式概述

（一）商业模式的概念

商业模式是以价值创造为核心，描述了创业企业创造价值、传递价值和获取价值的基本原理。目标是企业为了最大化企业价值而构建的与其利益相关者的交易结构。随着市场需求日益清晰以及资源日益得到准确界定，机会将超脱其基本形式，逐渐演变成为创意，包括如何满足市场需求或者如何配置资源等核心计划。

随着商业概念的自身提升，商业模式变得更加复杂，包括产品、服务概念、市场概念，供应链、营销、运作概念，进而这个准确并差异化的创意（商业概念）逐渐成熟最终演变为完善的商业模式，从而形成一个将市场需求与资源结合起来的完善系统。

（二）商业模式的基本要素

商业模式是由定位、业务系统、盈利模式、关键资源能力、自由现金流结构和企业价值六个基本要素构成，六个要素既相互影响又相互制约。同类型企业定位可以通过不一样的业务系统来实现，同样的业务系统也可以有不同的关键资源能力、不同的盈利模式和不同的现金流结构。

一个成熟的商业模式背后都潜藏着一定的商业要素，任何人在操作的过程中，都要匹配这些要素才能够确保创业项目取得成功。初创企业的管理者一定要足够清楚了解这些商业要素，商业要素也是决定商业模式是否成功的关键因素。商业模式实际上也是由若干要素构成的一套运行机制（图5-1）。

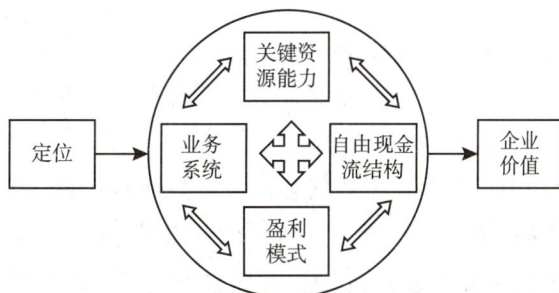

图5-1　商业模式运行机制图

1. **定位** 指一个企业要在市场中取得胜利，首先必须对企业自身进行准确定位。定位就是企业应该做什么，也就是说企业应该提供什么样的产品或服务来实现客户的价值。定位是企业战略选择的结果，也是商业模式体系中其他有机部分的基础。

2. **业务系统**　指企业达成定位所需要的业务环节、各合作伙伴扮演的角色以及与利益相关者合作与交易的方式和内容，业务系统是商业模式的核心所在。

3. **关键资源能力**　指让业务系统运转所需要的重要的资源和能力。

4. **盈利模式**　指企业如何获得收入、进行成本分配、获得收益，是在给定业务系统中价值链所有权和价值链结构已确定的前提下，企业利益相关者之间利益分配的表现。

5. **自由现金流结构**　指企业经营过程中产生的现金收入，扣除现金投资后的状况，其贴现值反映了采用该商业模式的企业投资价值。不同的现金流结构反映企业在定位、业务系统、关键资源能力以及盈利模式等方面的差异，体现企业商业模式的不同特征，并决定企业成长速度的快慢，决定企业投资价值的高低、企业投资价值递增速度以及受资本市场青睐的程度。

6. **企业价值**　指企业的投资价值，是企业预期未来可能产生的自由现金流的贴现值，是评判企业商业模式优劣的重要标准之一。

一个能对企业各方利益相关者有贡献的商业模式需要企业家反复推敲、实验、调整和实践上述六个基本要素才能产生。通过在合理的时机调整这六个要素，就可以重构企业的商业模式进而为进入发展瓶颈期的企业注入活力。

（三）商业模式的主导逻辑

价值创造是商业模式的核心，是创业企业生存和发展的根基。价值创造不仅包括顾客价值创造，也包括企业价值创造。但是从根本来说，企业价值创造是建立在顾客价值创造基础之上，或是以实现顾客价值创造为基本前提的。因此顾客价值创造逻辑是商业模式的主导逻辑，由顾客价值挖掘、顾客价值匹配和顾客价值传递三个方面构成。

1. **顾客价值发掘的首要目标是锁定目标顾客群体**　对于一般初创企业来说，市场资源与企业能力有限，市场经验与履历不足，不具备吸纳大多数目标顾客群体的现实条件。企业进行市场细分时，通过满足差异化需求的产品和服务，构建行业中相对竞争优势，是创业企业实现生存和发展的不二法宝。

找准目标顾客群体的另一好处是可以集中精力和资源，深入了解顾客行为与需求特征，从而建立对细分市场的深刻认知。从创业视角看，单点突破是创业企业在激烈竞争中站稳脚跟并实现快速扩张的法宝，聚焦特定目标顾客群体，符合创业企业运用有限资源和能力、集中发力并获取成长的创业逻辑。

大量创业案例表明，深层次理解消费者需求，并运用综合手段最大限度地满足这些需求，是创业企业成功的关键。同样，如果没有精准把握消费者需求，即使拥有创新型技术优势或特色化产品优势，也可能导致企业创业失败。

2. **顾客价值匹配**　这个环节涉及两个方面内容：一方面是创业期望与目标。创业企业最开始的期望和行动目标反映了创业者的基本价值观，决定了资源配置方式与行动方向。当目标消费群体存在多重需要时，创业期望与目标将直接决定需求选择和资源配置方式。例如在康养服务市场中，退休收入高的老年群体拥有选择更好的生活环境和医疗看护等需求。创业企业在进入该市场初期，基本不具备足够的资源和条件来满足目标顾客群体的上述需求，因此必须进行取舍，来决定商业模式设计的核心顾客价值。

另一方面是核心资源与能力。资源法则是创业活动必须遵守的行动准则，创业企业满足目标顾客群体的需求，是建立在自身所拥有的资源与能力基础上的。创业企业的核心资源与能力来源于两方面，一是自身所掌握的资源与能力条件。如企业拥有的专利技术、市场经验、创业团队、政策许可等；二是企业通过外部获取的资源与能力。如创业企业为了在市场内与其他企业建立合作或联盟关系，借用和整合外部资源来实现商业模式的有效运作。

3. 顾客价值传递 企业发现了有价值的细分市场和顾客需求，也开发了具有竞争力和吸引力的产品或服务，接下来的关键环节就是如何高效地向目标群体传递价值。顾客价值传递包含两方面因素。

（1）关键业务流程 创业企业的业务流程设计围绕传递顾客价值展开，通过企业管理部门和员工的主要业务活动设计，确保顾客价值的最终实现。

（2）重要合作伙伴 创业企业能最终实现顾客价值传递，除了依赖组织内部因素，外部重要的合作伙伴同样扮演着重要角色。例如以便捷和价优为特点的电商购物平台，必须在第三方支付平台、保险公司、便捷物流的通力合作下才能实现。

二、商业模式的选择

在全球一体化的大背景下，随着互联网经济高速发展，出现了以互联网为背景的免费商业模式、OTO商业模式、"工具+社区+变现"商业模式、平台商业模式、跨界商业模式和长尾型商业模式六种商业模式。

（一）免费商业模式

目前免费已经成为互联网商业模式的基本形态，也是互联网对传统线下企业最有挑战性的地方。免费模式是指通过向用户提供免费的服务或产品功能来吸引流量，再通过流量构建盈利点，形成价值创造的商业模式。

1. 盈利模式 俗话说"天下没有免费的午餐"，所有的免费都是通过其他渠道来实现盈利的，免费商业模式通过三种方式实现盈利。

（1）体验型的免费模式 免费的体验模式，形成一个新的免费的组合和一个新的拉动作用的封闭循环，更多的作用是客户引流。

（2）转嫁型免费商业模式 就是通常所说的"羊毛出在牛身上，然后让狗熊来买单"。向大众转嫁免费，这种免费是有限度的免费，当吸引了的更多的大众参与进来后，免费体验部分结束，进而对一部分消费者产生了绝对的需求，这时候转向这部分的消费者收费。这种转嫁型的免费商业模式，实际就是粉丝经济、社群经济，向大众免费的核心就是吸引大众到平台上，然后面向小众群体进行收费，达到盈利目的。

（3）产品交叉型免费模式 这种模式一般分为诱饵型的产品、赠送的产品和分级的收费产品三个层次。诱饵型产品通常是指试用装，向消费者提供免费的试用装或者试吃，让消费者通过体验产生消费。赠品方式通常给消费者一段时间的使用赠品，让用户在产品使用过程中对产品效果产生消费依赖性。用户一旦产生依赖，再通过分级产品，实现分级收费，实现产品利润率获取回报。

2. 关键要素 免费模式将互联网时代的核心"用户体验至上"发挥得淋漓尽致，其关键在于通过实现用户价值最大化来实现更多的商业价值。

免费模式有三大关键要素：

（1）规模　免费模式要实现交叉补贴，需要相当大的规模以接纳足够的付费群体来维系运营。比如：有些公司的用户群体基数大，任何一种盈利方式都可以为公司带来可观的收益。

（2）质量　免费的产品与服务，使得用户承担的成本为零或者极低，但免费的产品与服务的品质同样需要保障。

（3）资金　免费模式在初期一般都是零收入甚至负收入，如何在后期实现企业盈利来补贴前期的亏损或者零收入，就需要有足够的资本来进行扩散推广，在前期"砸钱"阶段，如果缺乏足够的资金支持，那么前期的免费商业模式可能就无法持续支撑企业发展。

（二）OTO商业模式

OTO是Online To Offline的英文缩写。OTO狭义理解就是线上付款、线下消费的电子商务模式。主要包括两种场景：一是线上到线下，用户在线上购买或预订服务，再到线下商户实地享受服务，目前这种类型使用的比较多；二是线下到线上，用户通过线下实体店体验并挑选商品，然后通过线上下单来订购商品。广义的OTO就是将互联网思维与传统产业相融合，未来OTO的发展将突破线上和线下的界限，实现线上线下、虚实之间的深度融合，这种模式的核心是基于平等、开放、互动、迭代、共享等互联网思维，利用高效率、低成本的互联网信息技术，改造传统产业链中的低效率环节。

1. OTO商业模式的特点　OTO商业模式对用户而言：用户可以获取更丰富、全面的商家及其服务的内容信息。用户可以更加便捷的向企业、商家在线咨询并进行预订。用户可获得相比线下直接消费较为便宜的价格。

OTO商业模式对企业、商家而言：企业、商家能够获得更多的宣传、展示机会，吸引更多新客户到店消费。企业、商家推广效果可查、每笔交易可跟踪。企业、商家掌握用户数据，有利于企业提升对老客户的维护与营销效果。企业、商家通过与用户的沟通，更好地了解用户的需求心理。企业、商家通过在线有效预订等方式，合理安排经营、节约成本。对拉动新品、新服务的消费更加快捷。降低线下实体对黄金地段旺铺的依赖，大大减少租金成本。

2. OTO模式的分类

（1）Online to Offline模式　消费者和企业线上交易，消费者再到线下消费体验产品或服务。

（2）Offline to Online模式　线下营销到线上完成产品交易。随着智能手机的普及，扫码支付越来越便捷，很多商家或企业通过线下促销来实现线上交易。

（3）Online to Offline to Online模式　线上交易到线下消费体验产品或服务，再转站线上交易或促销。

（4）Offline to Online to Offline模式　线下促销到线上商品交易，然后再到线下消费体验产品或服务。这种业务模式始于线下，然后在线上完成交易支付，运营商把产品或服务通过线上发给客户，消费者再到线下完成消费体验。

（三）"工具+社区+变现"商业模式

1. 工具　工具最大的作用就是发现痛点，激发用户需求。如某些公司从实时通信、外卖、旅游航班订票等领域入手，快速聚拢人气，锁定大量目标客户。

2. 社群　社群是由粉丝发展起来的，它的优势在于增加用户与用户之间的频繁互动，当粉丝变成朋友，社群就形成了。

3. 变现　变现通常有电商、广告、流量、数据和金融五种方式。

（1）电子商务　电商是最早的变现方式。电商模式是衍生盈利点最常用、最有效的方式，通过社群聚拢一群有相同需求的用户，再将流量转换为产品与服务的消费，实现流量价值的变现。

（2）广告　广告是最直接的变现方式。凭借用户数和点击率，吸引企业投放广告，如百度等浏览器的搜索竞价，通过微信朋友圈分享的广告等都是广告变现的表现。

（3）流量　流量变现的方式有很多，如增值服务、电商导购、流量分成等。增值业务能让流量价值实现最大化且可以就地消费与转化，但需要有良好的用户黏性。电商导购能将流量引入其他网站，需要拥有大量的流量基础且能对用户进行个性化的商品推荐。

（4）数据　包括数据产品、数据服务和数据增值。通过对数据进行分析处理，形成分析报告，可以把分析数据变成产品来服务特定群体从而变现。通过平台自身积累的点击、浏览、消费等数据，形成用户画像，实现精准营销，挖掘客户价值并且开发新业务。在大数据时代，与外部数据结合，或者跨界合作产生衍生价值，最终实现数据增值。

（5）金融　一是金融平台，即通过平台、账期将买家的付款冻结，将众多资金汇集到一起；二是金融衍生产品，即通过用户的交易数据，形成经营信用评级，设计提供金融产品和服务。

（四）平台商业模式

1. 平台商业模式要素　平台将供应商和客户联系起来，连接市场中的供给方和需求方。平台商业模式的核心作用就是充当市场的桥梁，将市场中的各方资源进行整合，收集市场信息，使买卖双方实现快速、高效沟通，从而实现交易的达成。平台商业模式有三大要素：平台、供给方（卖家或商家）、需求方（买家或消费者）。供需双方都是平台的主要利润来源，一是平台方收取供给方（卖家或商家），诸如广告费、服务技术费、交易抽佣、资源性收费、客户管理费、推广管理费等，还可以通过巨额的流动资金实现金融变现；二是在平台上，通过向需求方提供产品和服务，平台通过扣点实现盈利，需求方则是产品和服务的最终买单者。因此平台模式要实现永续发展，必须找准消费者的喜好，满足他们的需求。

2. 平台商业模式发展条件　选择平台商业模式的企业要提供给用户巨大黏性的服务。一般而言，有三个条件需要满足。首先要有需求强的产品。平台模式之下，首先需要为用户提供一个需求强的产品，并根据用户的体验反馈不断改进和升级。第二是实现信用运营。三是建立行业壁垒。平台的商业模式很容易被模仿，所以平台只有拥有自身的核心竞争力，形成行业壁垒，才是对自身最好的保护，才能避免流失大量用户。

（五）跨界商业模式

互联网之所以迅速颠覆传统行业，就是因为互联网充分利用高效率来取代传统产业的低效率，对传统产业核心要素进行再分配，同时对生产关系进行重构，并以此来提升整体的系统效率。互联网企业减少了不必要的中间商环节，还有渠道中不必要的损耗，减少产品从生产到进入用户手中所需要经历的环节，从而来提升效率，降低成本。因此，对于互联网企业来说，只要抓住传统行业价值链条中低效率和高利润点，利用互联网工具和互联网思维，重新构建商业价值链，就极有可能获得成功。

正如一些互联网从业者所说，互联网在跨界进入其他领域的时候，思考的都是如何才能够将原来传统行业链条的利益分配模式打破，把原来获取利益最多的一方干掉，这样才能够重新洗牌。反正这块市场原本就没有我的利益，因此让大家都赚钱也无所谓。正是基于这样的思维，初创企业如雨后春笋般出现，同时也诞生出全新的经营和营销模式。而身处传统行业的管理者在进行互联网转型时，受传统观念的影响，不愿意放弃依靠垄断或信息不对称带来的利益。所以传统行业在转型过程中非常容易受资源、过程及价值观的捆绑。

（六）长尾型商业模式

长尾（The Long Tail）这一概念是2004年由美国《连线》杂志前任主编克里·安德森（Chris Anderson）提出的，用来描述诸如Amazon（亚马孙）和Netflix（奈飞）之类网站的商业和经济模式。长尾市场也称之为"利基市场（Niche Market）"。利基（Niche）是指针对企业的优势来进行市场细分，若利基市场提供大量产品，即使每种产品卖的都比较少，但最终的销售额与普通大众市场销售的热门产品的销售额旗鼓相当。

1. **多样而少量**　长尾模式有助于打破传统零售业限制，用很少的资本投入和销售成本营销种类繁多的商品。换句话说，长尾模式强调的是种类多样数量少，来满足用户多样化的需求。

2. **个性化服务**　传统的商业模式一般以商家为核心来促进消费。长尾模式的要点是"个性化服务"，是以用户需求为核心的商业模式，就是根据消费者的需求来定制个性化产品或服务。从传统行业中的大规模批量生产到集约化的定制生产，再到个性化服务，不断的体现长尾型商业模式的优势。

目标检测

答案解析

一、单项选择题

1. 创业计划撰写应遵循的原则（　　）
   A. 6A原则　　　　　　B. 6B原则　　　　　　C. 6C原则　　　　　　D. 6D原则

2. 以下（　　）不属于创业计划书的内容
   A. 目录　　　　　　　B. 封面　　　　　　　C. 正文　　　　　　　D. 摘要

3. 不属于市场分析范畴的是（　　）
   A. 市场现状概况　　　B. 竞争企业分析　　　C. 目标消费者和目标市场　D. 企业管理层介绍

4. 投资者进行投资时一般不会考虑企业的哪些因素（　　）
   A. 清偿能力　　　　　B. 初创企业　　　　　C. 企业的男女比例　　D. 资金不足

5. 商业模式的主导逻辑不包括（　　）
   A. 锁定目标顾客群体　B. 顾客价值匹配　　　C. 顾客价值传递　　　D. 公司运营情况

二、多项选择题

1. 创业计划书的正文部分包括（　　）
   A. 项目实施概要和企业描述　　　　　　B. 行业及市场分析
   C. 产品或服务介绍　　　　　　　　　　D. 创业者团队

2. 财务规划一般要包括的内容有（　　）
   A. 预计的资产负债表　　　　　　　　　B. 预计的损益表
   C. 现金收支分析　　　　　　　　　　　D. 资金的来源和使用

3. 商业模式的基本要素包括（　　）

A. 定位　　　　　B. 业务系统　　　　C. 盈利模式　　　　D. 关键资源能力

4. 免费的商业模式如何实现盈利（　　）

A. 体验型的免费模式　　　　　　　　B. 转嫁型免费商业模式

C. 产品交叉型免费模式

5. "工具 + 社区 + 变现"商业模式中的变现方式通常有（　　）

A. 电商　　　　　　　B. 广告　　　　　　　C. 流量

D. 数据　　　　　　　E. 金融

三、简答题

1. 请根据自己的创业项目撰写一份创业计划书。

2. 简述以互联网为背景的六种商业模式。

（姜　姗）

书网融合……

知识回顾　　　习题

第六章　创业项目的实施管理

PPT

学习目标

知识要求：

1. 掌握当代企业的组织形式和成立流程及创业风险识别和防控方法。

2. 熟悉企业法律形式的选择对新企业的重要性；熟悉创业风险的概念、分类及特征。

3. 了解注册企业必须考虑的相关法律和伦理问题；了解新企业发展成长过程中的不同阶段及驱动因素；了解新企业持续成长的管理重点。

能力要求：

1. 能够根据已有项目正确选择创业企业的类型。

2. 学会识别创业风险，有效运用防控措施。

第一节　新企业的生存与发展

一、企业组织形式的选择

"我想创业，我应该注册一家什么样的公司才合适"或者"我想和同学一起创业，我应该采用一种什么样的组织形式合适"，这些问题是大学生创业者在创业之初就会遇到的问题。创业者在新企业创立之前首先应确定拟创办企业的组织形式。企业组织形式是指企业财产及其社会化大生产的组织状态，它表明一个企业的财产构成、内部分工协作与外部社会经济联系的方式。根据市场经济的要求，现代企业的组织形式按照财产的组织形式和所承担的法律责任通常分类为：个人独资企业、合伙企业和公司制企业。

（一）个人独资企业

个人独资企业，是指依照《中华人民共和国个人独资企业法》的相关规定，在中国境内设立，即为个人出资经营、归个人所有和控制、由个人承担经营风险和享有全部经营收益的企业。个人独资企业从事经营活动必须遵守法律法规，遵守诚实信用原则，不得损害社会公共利益。

1. 个人独资企业的设立条件　设立个人独资企业应当具备相应条件：投资人为一个自然人；有合法合规的企业名称；有投资人申报的出资；有固定的生产经营场所和必要的生产、经营条件；有必要岗位和数量的从业人员。

2. 个人独资企业的法律责任　破产时，当个人独资企业清算财产不足以清偿企业债务的，投资人应当以其个人的其他财产予以清偿。如在申请企业设立登记时明确以其家庭共有财产作为个人出资的，应当依法以家庭共有财产对企业债务承担无限责任，用于清偿债务。

（二）合伙企业

合伙企业，是指自然人、法人和其他组织依照《中华人民共和国合伙企业法》在中国境内设立的，由两个或两个以上的自然人通过订立合伙协议，共同出资经营、共负盈亏、共担风险的企业组织形式。合伙企业及其合伙人必须遵守法律法规，遵守社会公德、商业道德，承担社会责任。

1. 合伙企业的种类　一般分为普通合伙企业、有限合伙企业两种。普通合伙企业是由普通合伙人组成的合伙企业。有限合伙企业是由普通合伙人和有限合伙人组成的合伙企业。值得注意的是国有独资公司、国有企业、上市公司以及一些公益性的事业单位、社会团体均不得成为普通合伙人。

2. 合伙企业的设立条件　设立合伙企业，应当具备下列条件：有两个以上合伙人，并且都是依法承担无限责任者；有书面合伙协议；有各合伙人实际缴付的出资；有合伙企业的名称；有经营场所和从事合伙经营的必要条件。

3. 合伙企业的法律责任　普通合伙企业的合伙人对合伙企业债务承担无限连带责任。有限合伙企业的普通合伙人对合伙企业债务承担无限连带责任，有限合伙人以其认缴的出资额为限对合伙企业债务承担责任。

（三）公司制企业

公司制企业是指依照《中华人民共和国公司法》的规定，在中国境内设立的有限责任公司和股份有限公司。公司是企业法人，有独立的法人财产，享有法人财产权。公司从事经营活动，必须遵守相应法律法规，遵守社会公德，接受政府和社会公众的监督，承担相应社会责任。同时，公司的合法权益受法律保护，不受侵犯。

1. 公司制企业的种类

（1）有限责任公司　有限责任公司是指由一定人数的股东组成，股东以其认缴的出资额为限对公司承担相应责任，公司只以其全部资产对其债务承担责任的经济组织。

（2）股份有限公司　股份有限公司是指由一定人数以上的股东组成，公司全部资本分为等额股份，股东以其所认购股份为限对公司承担责任，公司以其全部资产对其债务承担责任的经济组织。

2. 公司制企业的设立条件

（1）设立有限责任公司应当具备的条件　有限责任公司由50个以下股东共同出资设立，一个自然人或者一个法人也可以单独设立有限责任公司；有符合公司章程规定的全体股东认缴的出资额；股东共同制定公司章程；有公司名称，建立符合有限责任公司要求的组织机构；有公司住所，公司住所是公司主要办事机构所在地，是法定的注册地址，不同于公司的生产经营场所。

（2）设立股份有限公司应当具备的条件　发起人在2人以上200人以下，其中须有半数以上的发起人在中国境内有住所；有符合公司章程规定的全体发起人认购的股本总额或者募集的实收股本总额；股份发行、筹办事项符合法律规定；发起人制订公司章程，采用募集方式设立的经创立大会通过；有公司名称，建立符合股份有限公司要求的组织机构；有公司住所。

3. 公司制企业的法律责任　公司以其全部财产对自己的债务承担责任。有限责任公司的股东以其认缴的出资额为限对公司承担责任。股份有限公司的股东以其认购的股份为限对公司承担责任。

（四）不同企业组织形式的比较

个人独资企业、合伙企业和公司制企业各有优缺点，创业者应先了解然后根据实际情况选择最合适的组织形式（表6-1）。

表6-1 不同企业组织形式的典型特征

企业组织形式	个人独资企业	合伙企业	有限责任公司
业主数量和注册资本	①业主是一个人 ②无资本数量限制	①业主是两个人及以上 ②无资本数量限制	①由50个及以下的股东组成 ②注册资本3万元以上
成立条件	①投资人是一个自然人 ②有合法的企业名称 ③有投资人申报的出资 ④有固定的生产经营场所和必要的生产经营条件 ⑤有必要的从业人员	①有两个及以上合伙人，并且都依法承担无限责任 ②有书面合伙协议 ③有合伙人的实际出资 ④有合伙企业的名称 ⑤有经营场所和从事合伙经营的必要条件	①股东符合法定人数 ②股东出资额达到法定资本最低额 ③股东共同制定公司章程 ④有公司名称，建立符合有限责任公司要求的组织机构 ⑤有固定的生产经营场所和必要的生产经营条件
经营特征	财产为投资人个人所有，业主既是投资者，又是经营管理者	依照合伙协议共同出资、合伙经营，共享收益、共担风险	公司设立股东大会、董事会和监事会，并由董事会聘请职业经理人管理公司、经营业务
利润分配和债务责任	①利润归个人所有 ②投资人以其个人资产对企业债务承担无限责任	合伙人按照合伙协议分配利润，并共同对企业债务承担无限连带责任	股东按出资比例分配利润，并以出资额为限承担有限责任

二、新企业注册流程

在确定企业的组织形式之后，创业者需要根据有关法律规定进行企业申办和注册。此处以注册公司为例（图6-1）。

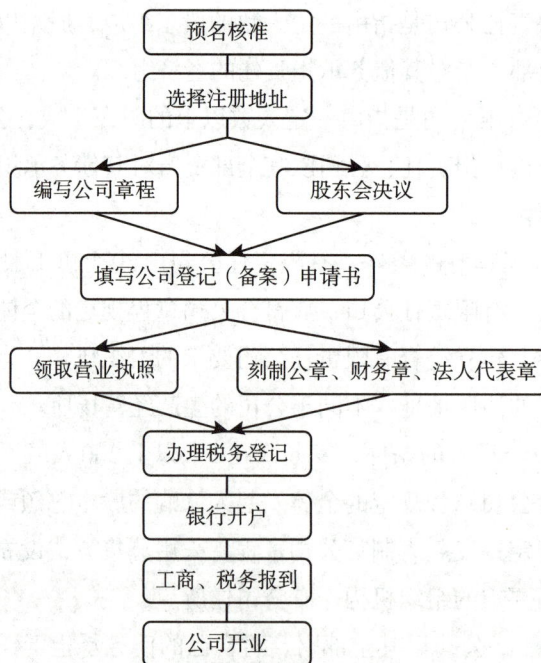

图6-1 注册公司流程图

（一）预名核准

创业者需准备好公司的名称，一般需要准备3~4个名字。首先准备相关核名材料，进入工商局网站核名系统，在当地工商局领取或在工商局网站下载并填写"企业名称预先核准申请表"和"投资人授权委托意见书"，上传至工商局网站，完成网上提交等待工商局信息审查。如果材料未审核通过，创业者需要按照工商局给出的提示进行修改，直至审核完全通过后工商局会发放电子版"名称核准通知单"。

（二）选择注册地址

合法的经营场所是领取营业执照的必要条件。初创公司要根据自己的具体资金情况租用合适的场所作为办公场所或经营地点，条件资格允许，可以充分利用大学生创业孵化园或创业园等场地作为公司注册地址。影响企业选址的因素主要包括市场因素、商圈因素、交通因素、物业因素、政策因素、价格因素等。

🪑 岗位情景模拟 2

夏先生将注册一家拥有进出口权的进口食品公司。为了快速在广州注册该公司，夏先生没有深入考虑该公司的注册地点。一家现有的注册机构为夏先生设计了以下4个注册方案。

1. 在广州市区注册含设立进出口经营权公司或者设立分公司。
2. 在广州郊区注册含进出口权的公司，在市区设立分公司。
3. 在广州市区注册经营，在郊区设立分公司。
4. 在广州郊区注册贸易型公司，不含进出口权。

问题与思考

在自行查阅公司注册政策基础上，结合企业选址时需参考的因素，充分思考以上4个注册方案利弊，选择一个最佳注册方案。

答案解析

（三）编写公司章程

公司章程是指公司依法制定的基本文件，规定了公司的名称、住所、经营范围、经营管理制度等重大事项。它也是公司规定公司组织和活动基本规则的必要书面文件。公司章程是股东意图的共同表达，规定了公司组织和活动的基本原则。公司章程具有合法性、真实性、自治性和公开性的基本特征。公司章程作为公司组织和行为的基本准则，对公司的成立和经营具有重要意义。它不仅是公司成立的基础，也是公司生存的灵魂。

（四）申领营业执照

工商局对企业提交的材料进行审查，以确定其符合企业登记申请。工商行政管理局核定后，即向企业发放工商企业营业执照，并公告企业成立。相关材料包括公司章程、名称预先核准通知书、法人和全体股东的身份证、公司住所证明复印件（房产证及租赁合同）、前置审批文件或证件、生产性企业的环境评估报告等。

（五）备案刻章

新成立的公司，有三个章是必备的，分别是公章、财务专用章和法定代表人私章。如果公司在近期有对外开发票的计划，那么还应当刻制发票专用章。由于合同专用章可由公章代替，所以对于初创公司而言，合同专用章并不是必需的。需要说明的是，企业的印章、企业牌匾、企业银行账户、企业信笺所使用的名称应与新企业在工商行政管理机关登记注册的名称相一致。

（六）办理税务登记证

税务登记证应到当地税务机关办理。办理税务登记证应提供的材料包括企业营业执照副本、经营场所产权证及租赁合同复印件、法人身份证、公司章程及公章。

（七）开设银行账户

企业开立银行账户是与银行建立往来关系的基础。依据法律规定，每个独立核算的经济单位都必须在银行开户，各单位之间办理款项结算，除现金管理办法规定外，均需通过银行结算。银行账户包括基本账户、一般账户、专用账户、临时账户等。企业获得营业执照后，需到银行开立基本账户。

三、注册企业必须考虑的法律与伦理问题

注册企业必须了解和遵守国家有关的法律法规。与创办企业有关的法律主要包括知识产权法、劳动合同法、合同法、税法等。同时，注册企业还应注意伦理问题，包括创业者与原雇主之间、创业团队成员之间、创业者和其他利益相关者之间的伦理问题等。

（一）注册企业必须考虑的法律问题

创业企业无论在注册成立阶段还是在后续的经营过程中，均需要遵循相关的法律法规，守法经营。

1. **创办阶段需要考虑的法律问题**　创办阶段需要考虑的法律问题包括企业法律形式的选择，会计和税收事务，知识产权保护，合同相关法律等。第三章已对国家创新创业相关政策法规作了详细介绍，此处不再赘述。

企业登记注册后，应当依法办理相应的会计、税务事宜。因此，企业家需要了解《会计法》《企业会计准则》《小企业会计准则》等法律法规，建立自己的会计制度并进行会计核算，或者委托记账公司等专业机构处理会计事务。创业企业还需要建立健全税务档案，依法纳税；也可以委托外部专门记账公司或会计公司担任税务代理人。创业企业还应当依照《中华人民共和国商标法》《中华人民共和国专利法》《中华人民共和国著作权法》的规定，保护企业的知识产权，尊重他人的知识产权。企业设立阶段涉及融资租赁业务或者贷款业务的，还应当遵守合同法的规定，保护企业的合法权益。

2. **经营阶段需要考虑的法律问题**　企业经营过程中会涉及非常多的法律问题，一般来说有产品质量、财务会计、人力资源管理、安全生产和市场竞争等多个方面。创业和经营阶段涉及的和企业不同部门典型的法律问题（表6-2）。

表6-2　创业企业不同阶段的法律问题

创建阶段的法律问题	经营现行业务中的法律问题
确定企业的法律形式	人力资源管理（劳动）法规
设立税收记录	安全法规
进行租赁和融资谈判	质量法规
起草合同	财务和会计法规
申请专利、商标和版权保护	市场竞争法规
	知识产权法

（二）创办企业必须考虑的伦理问题

创业伦理是创业者在市场开发、资本积累、互惠互利、合作、个人道德、后天修养等方面的行为准则。新企业必将进入市场竞争的圈子，因此，创业者必须遵守这个圈子共同维护的行为准则。由于企业的不同阶段，企业家应考虑的伦理问题也有其自身的表现形式。一些创业者在创业之前会在一个单位工作，因此在他们的商业登记和运营阶段，他们会涉及创业之前、创业期间和创业过程中必须联系的相关利益相关者。因此，企业家需要考虑的伦理问题包括以下几个方面。

1. 企业家和原雇主之间的伦理问题　尽管一些初创企业是由学生或个体经营者创办的，但大多数新企业仍然是由从事相关职业的人创办的。在辞职创业后，一些企业家意外地发现自己与前雇主处于敌对状态。以下是企业家辞职时必须遵循的两个最重要的原则。

（1）辞职要表现的职业化　员工适当披露离职意向非常重要，不耐烦的辞职会惹恼雇主；此外，如果员工在辞职协议签署生效前仍然是本单位员工，则必须认真负责地做好之前的工作和交接工作。

（2）尊重所有雇佣协议　对于准备创业的员工来说，充分理解并尊重他们签署的雇佣协议非常重要。一般来说，关键员工签署了保密协议和非竞争性协议。保密协议是员工或其他方（如供应商）做出的不泄露商业秘密的承诺，要求员工在受雇期间或离开公司后严格遵守协议。竞业禁止协议规定，禁止个人在特定时期内与其前雇主竞争。如果签署了非竞争性协议，员工必须遵守相关协议。

2. 创业团队成员之间的伦理问题　对于创始人来说，就新企业的利益分配以及他们对新企业未来的信心达成一致是非常重要的。对于创业团队来说，容易犯的错误是沉溺于创业的兴奋之中，忘记签署企业所有权分配的初始协议。创办人协议（或股东协议）是一份书面文件，涉及企业创办人之间的相对权益划分，创业者个人如何因投资企业的"血汗钱"或现金而获得报酬，以及创始人必须持有企业股份多长时间才能被完全授予。创办人协议的主要内容如下所示。

（1）未来业务的实质。

（2）简要的商业计划。

（3）创建者的身份和职位头衔。

（4）企业所有权的法律形式。

（5）股份分配（或所有权分割）方案。

（6）各创建者持有股份或所有权的支付方式（现金或血汗股权）。

（7）明确创建者签署确认归企业所有的任何知识产权。

（8）初始运营资本描述。

（9）回购条款，明确某位创建者退出时出售股份的处理方案。

3. 创业者和其他利益相关者之间的伦理问题

（1）人事伦理问题　这些问题与公正、公平对待现有员工和未来员工有关。不符合伦理的行为范围非常广泛，从招聘面试中询问不恰当问题到不公平对待员工的方方面面，其根源可能是因为他们在性别、肤色、道德背景、宗教等方面有所不同。

（2）利益冲突　这些问题与那些挑战员工忠诚度的情况有关。例如，如果一家公司的员工出于个人原因或不正当的商业原因将合同交给朋友或家人，这是不适当的行为。

（3）客户欺诈　当公司忽视客户尊重或公共安全时，这方面的问题通常会出现，例如误导性广告、销售明知不安全的产品等。

（三）新企业的社会认同

新企业成立之初，需要取得包括消费者、供应商和投资者等在内的利益相关者对其产品、服务或商业模式，乃至企业组织自身的理解和认识，即获得社会认同。由此，需要做到以下几点。

第一，建立合理的制度规范。一个新企业能否成功创业，不仅取决于创业者对创业机会的把握，还取决于创业活动在多大程度上能够满足现有制度和规范的要求，或者取决于所建立的新制度和规范的合理性。合理的制度规范可以帮助企业获得利益相关者、公众和整个社会系统的认可和接受。

第二，遵循相应的道德法则。为了使新企业健康发展，企业家应该制定特殊的原则，帮助他们在企业成长过程中采取正确的步骤。例如，雇佣最合适的人员，建立相应的管理和考核标准，企业家严格遵守道德规范，融入企业，与员工建立和谐的关系。

第三，承担必要的社会责任。通过制定和实施体现企业社会责任的竞争战略，将社会责任融入企业文化建设，将社会责任理念付诸实践，企业在决策时可以考虑环境和社会因素，并承担相应的社会责任。对新企业的良好社会认可是企业可持续发展的保障，更有利于新企业承担起社会经济可持续发展的责任。

四、新企业生存管理

（一）初创企业的管理原则

新企业的成长明显不同于现有企业。由于现有企业在激烈的市场竞争中已经建立了一定的竞争优势，包括品牌、服务、渠道等。作为一家新兴企业，只有打破原有的竞争格局，才能扭转不利局面。当核心竞争力尚未形成时，创业企业应采取以下管理原则来应对竞争对手，争取生存机会，然后不断积累以增强自身实力。

1. **"生存第一"的原则** 创业初期企业的首要任务是在市场中生存，让消费者了解并接受自己的产品。换句话说，创业之初，企业最根本的目标就是生存。企业的一切活动都要以生存为中心，一切危害企业生存的行为都要避免。"生存第一"的原则要求创业者把满足客户需求放在首位，要求盈利能力作为公司经营业绩的唯一评价指标。企业要有明确的生存观，引导员工始终关心企业的生存和安全，不断努力确保企业的稳定可持续发展。

2. **"现金为王"的原则** 现金流对企业就像血液对人一样重要。资本链的断裂往往会导致新成立的企业遭受挫折，甚至破产。"现金为王"的原则要求：第一，企业家应定期评估企业的财务能力，了解当前的现金流量；第二，创业者必须省钱，要有"有多少钱，做多少事"的观念。每一分钱都应该花在最需要的地方。要努力增收节支，加快资金周转，把握发展步伐；三是采取"早收晚付"的方式，实现正现金流。

3. **"分工协作"原则** 虽然创业企业的员工已经进行了初步的分工，建立了一套组织结构。实际上，他们通常履行各自的职责，但在紧急情况和重要任务中，他们往往需要共同努力，团结一致来处理最重要的事情。也就是说，与大型企业相比，初创企业人员的职责分工相对模糊，企业员工处于"分工协作"状态。

4. **"一切亲力亲为"的原则** 在创业阶段，由于缺乏人力和资源，一切都处于萌芽阶段，所以创业者必须亲自做很多事情，比如直接向客户销售产品、参与商业谈判、处理财务报表、制定薪酬计划、从事广告等。现阶段的创业者绝不能把自己当成"大老板"。要有身体力行的精神，让企业家了解业务流程的每一个细节，使企业安全成长，越做越大。

（二）企业的生命周期

世界上的一切都有生命周期，企业也不例外。企业的生命周期就像一双看不见的巨手，始终控制着企业发展的轨迹。企业的生命周期是指企业的诞生、成长、衰落乃至死亡的过程，如图6-2所示。虽然不同企业的寿命长短不同，但不同企业在生命周期的不同阶段的特点有一些共性。了解这些共性有助于企业家了解企业的生命周期阶段，从而调整企业的发展状态，尽可能延长企业的寿命。

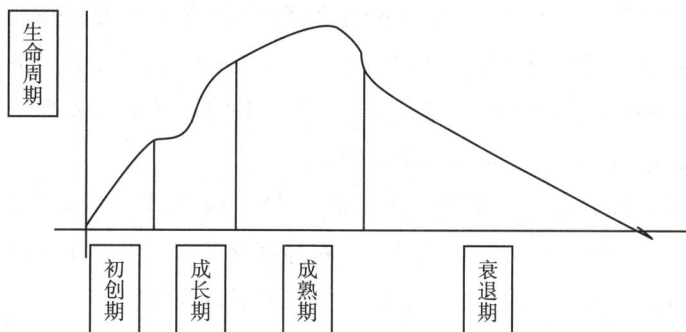

图6-2　企业的生命周期曲线

1. **初创期**　初创期是指企业创业的1~3年。一般来说，现阶段企业生存能力弱，抵抗力低，容易受到行业内原有企业的威胁。此时，初创企业正处于学习阶段，市场份额低，资金不足，管理水平低，管理费用高，固定成本大，企业波动大，创业失败率高。生产经营活动中的任何错误都可能导致企业过早死亡。新产品开发和企业未来现金流具有高度的不确定性，企业的经营风险非常高。初创企业的成功在很大程度上取决于成立初期的可行性分析，也与市场预测和投资决策密切相关。在创业阶段，我们需要解决企业的生存问题。

2. **成长期**　在初创期生存下来的企业将很快进入成长期。这一时期的企业被称为成长型企业。一般来说，增长期分为两个时期：快速增长期和稳定增长期。现阶段，企业的年龄和规模不断增长，企业全面发展，经济实力增强，市场占有率逐步提高，竞争力增强，企业在行业中站稳了脚跟，企业的创新能力也很强，已经形成了自己的配套产品。这一阶段的主要特点是，企业已成为行业中的"骨干企业"，但尚未发展成为大型企业。然而，在这种情况下，企业的经营风险仍然比较大，企业很容易陷入多元化的陷阱。这主要是由于企业营销费用增加，企业需要筹集大量资金进行项目投资。企业的企业家往往想当然地认为，他们过去的成功经验可以应用于多个领域，因此他们会"大胆"进入多个行业或领域，甚至是他们非常不熟悉的非相关行业。诚然，多元化经营可能会在初期大幅增加企业的销售额，但利润可能不会随着销售额的增长而增加，但企业可能会亏损越来越多。此时，企业的现金流量仍不确定，市场环境多变。因此，创业者需要不断完善企业的管理体制，更新企业未来的发展规划，提高企业对市场的适应性，以保证企业的快速成长。

3. **成熟期**　考察企业的发展历史，我们可以发现，进入成长期的企业很少，能够成长为成熟企业并生存下来的企业也很少。许多企业在成长过程中被淘汰。成熟期企业发展速度放缓，产品标准化水平提高，业务领域拓宽，管理规范化，企业产品知名度和市场占有率大幅提高，企业通过各种媒体渠道在公众中树立了形象。然而，许多企业的发展高度依赖于一种产品。成熟期过后，一段时间后必然会下降，这可能会影响企业的发展后劲，导致创新精神的衰退。这是因为企业在成熟期往往比较保守，环境比较舒适，在初创期和高速增长期经过艰苦努力和勇气，对新事物缺乏敏感性，改革要求强烈。成熟期创新精神的衰退也与企业规章制度的完善有关。创新强调变革，而制度要求合规。此外，成熟企业的规章制度也比较健全。各级人员只需按照规定行事。然而，市场正在发生变化。如果企业的创造力"睡"太久，就会影响满足顾客需求的能力，企业的市场竞争力就会下降。成熟企业最大的风险是成熟期太短。成熟是企业生命周期中的一个理想阶段。企业很难进入成熟期，更难停留在成熟期。如果我们能一直保持在成熟期，这对企业来说将是一件好事。问题是，在现实中只要企业一不留神，就会立即陷入衰退。

4. **衰退期**　如果一个成熟的企业没有实现晚熟或转型，它将进入衰退期。衰退是指企业发展的衰退和企业的衰落。衰退有两种：一种是受工业生命周期的影响。如果行业已经到了衰退期，自然会影响企业，使企业随之衰落；另一种可能性是该公司正遭受经济衰退。陷入衰退的企业大多是大企业，容易患上"大企业病"，主要表现为官职增多、官僚主义猖獗、部门主义妨碍联系、创业精神消失、部门之间职责转移、士气低落，适应现状、适应能力下降等。

在经济衰退中，延长企业寿命的可能性仍然存在。只要企业转型，成功转型产品，灵活转型形式，准确选择新的行业或领域，企业就有可能重获新生。在经济衰退中考虑蜕变已经太迟了。事实上，当企业发现他们在成熟后期开始下降或缓慢上升时，他们应该考虑蜕变了。

五、新企业成长的驱动因素分析

大学生创办的新企业是推动当代中国国民经济发展的力量之一。大学生创业的驱动因素研究也是当前企业研究的热点。无论是中小企业还是大型企业，对于初创企业来说，所有企业都将面临现金流和企业绩效的影响。其中，现金流量与企业成长的敏感性分析是最常用的研究方法。这种分析方法可以根据对企业现金流量的影响来判断企业成长的驱动因素。

企业成长的驱动因素由以下几个方面决定。

（一）新企业成长的驱动因素之一——企业规模

有一种观点认为，企业成长是一个相对随机的过程，影响企业成长的因素非常复杂，因此无法预测和把握。特别是对于不同规模的企业，增长率不会因规模的不同而改变。国内外学者已经发现企业规模与企业成长率之间存在一定的关系，一些研究表明二者之间存在着弱的负相关关系。考虑到新成立的企业不是大型企业，我们将不讨论这一点。

（二）新企业成长的第二个驱动因素——创新能力

新办企业通常具有灵活经营机制的特点。所谓船小好调头，同时在产品研发、技术开发或业务拓展方面具有一定的独特性和领先性，对市场的敏感性和行业竞争保持相对独立的应对策略。由于管理人员数量较少，新建企业的组织结构一般不太复杂。这种组织形式更有利于创新，新成立的企业与市场有着直接而密切的联系，能够最快地反映市场的变化，并进行对策研究。在特别强大的生存和竞争压力的影响下，勇于创新也是衡量一个企业成长的重要因素。因此，新办企业较强的自主创新能力是成长因素的一个重要考量标准。

（三）新企业成长的第三个驱动因素——股权结构

与上市公司相比，新企业一般没有特别复杂的股权结构，但有时也会引入非流通股和上市流通股。在这种特殊的股权结构下，公司治理的核心不仅包括管理层，还包括股东。此时，与公司增长动力相关的一个重要标准是股权结构。由于新成立公司的大部分非流通股由私人资本持有，不仅公司的控股股东大多是私营企业或个人，而且控股股东往往直接经营和管理公司。这种特殊的股权结构和控制结构是创业型公司与上市公司在治理模式和实际运作上的不同。

（四）新企业成长的第四个驱动因素——财务能力

财务能力不仅是衡量新成立企业成功与否的重要标准，也是企业成长的驱动因素。一个企业如果没有财务拓展能力，就不会有长远的发展。其主营业务收入增长反映了新成立公司业务水平的发展方向，净利润增长反映了新成立公司的利润变化。如果这两个指标不受公司融资的影响，它们可以反映公司增长所驱动的潜在能量。

上市前，新创立企业规模普遍较小，抵御经营风险的能力较差。如果赶上市场波动，可能会加剧新成立企业的财务困难，有些企业甚至会打破资金链，陷入困境。新成立的企业如果能够实现自身的变现，将使企业经营所需的现金流量更加充足，能够维持正常工作，从而实现良性生产经营。

六、新企业持续成长的管理重点

新企业的成长过程不同于成长期和成熟期企业的成长模式，不能通过多元化和整合来实现。

（一）整合外部资源，实现外部成长

初创期缺乏资本和其他资源，使得新企业无法依靠多元化和整合等内部资源实现外部增长。然而，企业可以通过整合外部资源，充分发挥杠杆效应来实现外部增长，包括缔结战略联盟、资源共享、上市融资、特许经营等经营战略。

（二）管理好保持企业持续成长的人力资本

管理人员和人力资本是新企业可持续发展的最重要因素。快速成长的新企业的经营者不一定具有较高的教育背景或技术水平，但他们应该具有凝聚力，通过企业家独特的人格魅力和管理技能，激发和驱动所有员工的奋斗热情，控制焦虑、市场开发困难、内部管理不善造成的厌倦等不良情绪，并进行公平评估。依靠创业型员工和取之不尽的创造力，企业才能实现可持续发展。

（三）及时实现从创造资源到管好用好资源的转变

新企业的成长是通过资源的积累来实现的。在成长过程中，新企业不断积累资金、技术和客户资源。充分利用这些资源，就是通过稳健的发展战略确保资源的使用方向，通过优化管理流程和生产流程来降低资源消耗，通过关注研发方向和目标客户来提高资源利用效率，从而通过现有资源创造最大价值。

（四）形成比较固定的企业价值观和文化氛围

快速发展企业的创始人非常热爱自己的事业。他们审时度势，制定符合社会发展的价值观，并尽一切努力使企业的价值观得以延续。大多数快速成长的企业都有相对固定的企业价值观，以解决发展过程中目标和期望不一致、发展理念不一致、行为方式不一致、评价标准不一致的问题，支持企业健康发展。

（五）注重用成长的方式解决成长过程中出现的问题

新企业的成长过程是一个不断克服困难、突破困难的过程。新企业的规模、管理、技术、人才、效益等内部因素不断优化升级，客户、供应商等外部环境因素因新企业不断壮大而发生变化。内部和外部原因之间不断的对抗和不匹配，使公司似乎总是有新的问题。在这种情况下，管理的唯一不变之处就是持续的变化。新企业需要通过改革创新促进企业成长，自然解决成长过程中的各种问题。

（六）从过分追求速度转到突出企业的价值增加

新企业成长最典型的特征是规模的持续快速扩张。规模的快速扩张带来的成就感和财富回报是许多企业家追求的目标。然而，企业家往往缺乏管理企业成长的经验，容易被企业的快速成长所迷惑，甚至被这一暂时的成就所压倒，从而滋生企业家的自满情绪，使企业家采取不合理的措施，冲进他们不熟悉的行业，或不经分析就扩大投资规模，最终不得不付出代价。历史经验表明，许多企业在增长过程中"速度"下降，最终导致资金链断裂。只有市场快速增长，相应的管理升级做好，使技术进步、效益提高、员工收入和福利的增加与企业发展同步，企业的所有利益相关者才能获得满意的回报，从而提高企业的价值。

第二节　创业风险的识别与控制

一、创业风险的概念与特征

（一）创业风险的概念

创业风险是指企业在创业过程中存在的各种风险。由于创业环境的不确定性，创业机会与创业企业的复杂性，创业者、创业团队与创业投资者的能力和实力的有限性而导致创业活动结果的不确定性，就是创业风险。创业者不要简单地以为经过千斟万酌而确认的创业机会就不会有风险了，其实再有价值的创业机会也是有风险的，因为多数创业机会都蕴含着诸多的不确定性。

（二）创业风险的特征

创业风险种类繁多，贯穿并交织于整个创业活动，但是这些风险具有以下一些共同的特征。

1. **客观性**　创业本身就是一个识别风险和应对风险的过程，风险的出现是不以人的意志为转移的，因此创业风险的存在是客观的，如天气变化、地质变化等。

2. **不确定性**　由于创业所依赖的条件及其影响因素具有不确定性，这些因素是不断变化、不断发展乃至难以预料的，因此造成了创业风险的不确定性。如产品在创业初期是"热门"的，但研发生产出来后，可能由于市面上已经出现大量的同类产品，因此便失去了市场竞争力。

3. **双重性**　创业有成功或失败两种可能性，创业风险具有盈利或亏损的双重性。在创业活动中，往往风险越大的创业项目，回报越高，潜能也越大。所以回避风险，同样意味着回避收益。如高收益理财产品就明显具有双重性。

4. **可变性**　随着影响创业的因素发生变化，创业风险的大小、性质也会发生变化。如在一定时期，资金可能是最大的风险，而一段时间后由于环境因素的改变，技术又可能成为最主要的风险。

5. **可识别性**　根据创业风险的特征和性质，创业风险是可以被识别和划分的。可识别性这一特征可以帮助创业者更好地识别风险，规避风险。

6. **相关性**　创业风险与创业者的行为紧密相连。针对同一风险，采取不同的对策，可能会出现不同的结果。如技术型的创业者进行技术改良型的创业则属低风险，而对于管理型的创业者则可能表现为高风险。

二、创业风险的分类

创业风险根据标准不同，有不同的分类方式。

（一）按风险的性质划分

纯粹风险：这是风险的一般状态，即只有损失的可能性而没有获利可能性的风险，该风险可能造成两种结果，即有损失和无损失。

投机风险：投机风险也称为机会风险，该风险既存在损失的可能性，也存在获利的可能性。它可能造成三种结果，即有损失、无损失、获利。

（二）按风险的来源划分

创业风险的产生具有主观和客观两种来源，按照风险来源进行划分，创业风险可以分为主观创业风险和客观创业风险。主观风险是指创业者的主观因素导致创业失利，而客观风险是由于客观因素导致创业失利，如创业环境的变动、创业政策的改变、突然出现的竞争对手，等等。

（三）按风险的状态划分

静态风险：指在社会政治经济环境正常的情况下，由于自然力的不规则变动和人们的错误行为导致的风险，这类风险主要会造成经济上的损失，属于不可避免的风险。

动态风险：指由于社会经济、政治和技术、组织机构发生变动而产生的风险。这类风险造成的后果一般来说比较严重，但通常可以避免。

（四）按风险的内容划分

创业过程中会出现各种不同的因素，例如创业的技术、市场、管理因素等，而按照创业过程中出现的这几类因素进行划分，创业风险可以分为技术风险、市场风险和代理风险。这三种风险具有相互作用，同时也具有不确定性的特点。技术风险是一种可能，即由于技术方面的因素变化从而导致创业失败的可能性。市场风险则是基于市场情况的变化导致创业失败的可能性。不同于以上两种风险，代理风险指的是企业的高级经营管理人才、生产管理模式、组织架构等能否适应创业的快速增长，或战胜创业企业危机阶段的动态不确定因素的风险。

（五）按风险对创业投资的影响程度划分

显而易见，创业投资会由于创业风险的存在而产生不同程度的变化，按照创业风险对所投入资金的影响程度进行划分，创业风险可以分为安全性风险、收益性风险和流动性风险。其中，安全性风险，主要由创业投资的安全性问题引起，如：预期的实际获益可能遭受一部分未料及的损失，或创业者投入的其他财产与专业投资者的投资可能蒙受的损失，即投资财产的安全存在危险。而对于收益性风险来说，创业投资人的资本和财产不会遭受损失，但是与此相反，创业所预期的实际获益有损失的可能性。流动性风险，是指创业投资人的资本、财产以及预期实际获益不会蒙受损失，但是，有可能会发生由于资金运营的停滞使投资方蒙受损失。

三、风险防范基础知识

识别风险是应对一切风险的基础，只有识别了风险才可能对风险进行化解，继而将风险转换为机遇。创业风险识别是创业者依据企业活动，对新创企业面临的现实及潜在风险运用各种方法加以判断、归类并鉴别风险性质的过程。

（一）识别风险的基本理念

作为创业者，应该正确树立识别创业风险的基本理念，主要包括以下几个方面。

1. 有备无患的意识　创业风险无处不在，它的出现是正常的，通常会带来一些损失。在这个时候，作为一个创业者，我们既不应该抱怨别人，也不应该傲慢和轻视敌人。而是要严格控制风险，减少损失，化解劣势，甚至把风险变成获利的机会。

2. 未雨绸缪的观念　创业者不仅要识别当前的风险和可能的后果，还要识别创业过程中的各种潜在风险，为采取有效措施提供依据。

3. 持之以恒的思想　由于创业风险伴随着整个创业过程，又具有可变性和相关性的特点，创业者必须做好"持久战"的心理准备。创业者应将风险识别作为企业持续的、制度化的工作。

4. 实事求是的精神　虽然风险识别是一个主观过程，但它必须遵循客观规律。为了更好地识别和防范风险，应根据具体的程序和步骤以及适当的方法，对各种现象进行逐级分析。

（二）如何识别风险

1. 识别风险的系统方法

（1）业务流程法　以业务流程图的方式，将从"入"到"出"的全部业务经营过程划分为若干环节，每一环节再配以更为详尽的作业流程图，根据环节的流程图确定每一环节的可能性风险。

（2）咨询法　委托咨询公司或保险代理人进行风险调查和识别，并提出风险管理方案以供经营决策参考。

（3）现场观察法　请风险咨询方面的专家直接观察企业的各种生产经营设施和具体业务活动并进行风险分析，具体了解和掌握企业面临的各种风险。

（4）财务报表法　通过分析资产负债表、损益表和现金流量表等报表中的每一个会计科目，确定企业在各种具体情况下的潜在损失及其成因。

有价值的创业机会也是有风险的。企业在经营的过程中无时无刻不在面临着瞬息万变的市场，在激烈的市场竞争面前，创业者往往是不进则退。直面风险，学会识别风险，化解风险。直面危机，理性处理危机，才可以在商场中越战越勇，闯出属于自己的天地。

2. 识别风险的步骤　不管通过什么方法识别风险风险，总结起来都是有一定规律可循的。识别风险主要包含以下步骤。

（1）信息收集　通过调查、问讯、现场考察等途径获得基本信息或数据，然后通过敏锐的观察和科学的分析对各类数据及现象做出处理。

（2）识别风险　根据信息的分析结果，确定风险或潜在风险的范围。

（3）重点评估　根据量化结果，进行风险影响评估，预计可能发生的后果，提出方案选择。

（4）拟定计划　提出处理风险的方法和行动方案。

3. 识别风险过程中的注意事项　为了使创业者能根据现有情况，更好地识别现有或潜在的风险，在实际的操作过程中应注意以下问题。

（1）信息收集　信息是了解风险、识别风险的基础，信息收集得全面与否，直接影响最终的判断。信息收集主要有两个途径：一是内部积累或专人负责，二是借助外部专业机构的力量。利用第二种途径通常可获得更丰富的信息资料，有助于较全面地识别面临的潜在风险。

（2）因素罗列　根据企业在运营过程中可能遇到的风险，逐步找出一级风险因素，然后再进行细化，延伸到二级风险因素，再延伸到三级风险因素。因素罗列得越全面，越利于风险的识别。

（3）分析方式　在风险识别与分析的过程中，一定要在信息和影响因素的基础上进行综合分析，而且分析的方式要多样，既要进行定性分析，又要进行定量分析，从而避免因考虑不周导致风险识别错误。

四、创业风险的防范措施

虽然在创业过程的各阶段各种风险是难以预测且不可避免的，但是我们通过科学的方法仍可未雨绸缪，针对不同风险的特点制定不同的防范措施，降低风险的发生概率甚至化风险为机遇。

（一）创业风险的外部防范措施

外部风险，即非企业自身因素造成的风险。外部风险很多是客观因素造成的，是每个创业者都无法避免的，下面是常见外部风险的应对措施。

1. **应对竞争对手的跟进**　所有行业都不可能独家经营，它们将不可避免地面临竞争对手。当他们遇到竞争对手时，他们如何确保自己始终处于有利状态，以下将根据实际经验给出一些应对竞争对手跟进的对策。

（1）控制技术，限制竞争　如果创业依赖的技术拥有专利权，将在很大程度上排除类似竞争项目的可能性，降低投资成本和投资的商业风险。

（2）紧密关注同领域的动向　在研发阶段，密切关注其他公司类似工作的进展，如类似产品的功能设计和后期研发进展，从而了解自己产品的优势，为产品上市及上市后如何跟进提供可执行的解决方案。

（3）选择高技术项目　如果项目的技术含金量足够高，其他企业不可能通过完全破解技术配方或关键核心来模仿新产品，其他企业开发自己的产品需要很长时间。因此，高科技项目可以有效地延长其他企业的跟进时间。在此期间，初创企业可以保证投资回收，完成利益回报，占据较大的市场份额。

（4）制订换代产品开发规划　在产品开发阶段，即第一代产品仍在酝酿中，需要制定后续系列产品的开发计划，并在生产计划中进行详细论证，以确保开发计划的实施。真正可行的企业不会停滞不前，新产品的成功并不代表整个市场的认可。因此，企业一方面要抓住机遇，生产升级产品，改善原有产品的不足，更好地满足客户的需求；另一方面要优化生产工艺和销售渠道，在成本和价格上适应市场竞争的需要，始终保持领先地位。

（5）注重产品多样性　在市场竞争日益激烈的今天，初创企业在推出主要产品时，必须采取产品多元化战略，以扩大市场份额，以多样化的产品满足客户不断变化、个性化和复杂的需求。多样化的产品也能有效防止竞争对手的模仿和攻击。

2. **应对市场变化**　不管是企业还是企业的产品，都需要面对市场，而市场不是固定不变的，它会随着当前的各种因素发生变化，面对市场的变化，作为创业者应该如何应对，下面介绍一些常用的应对措施。

（1）有效的市场调查　只有通过有效的市场调查和分析，我们才能了解客户的需求，这是确保产品或服务市场的唯一可行方式。市场调研不仅包括对项目的调研，还贯穿于产品研发和试制的全过程，成为可靠的标准，有效地指导产品的开发和改进。只有这样，新技术和新产品才能拥有客户、市场和现有价值。

（2）新领域的先锋　新技术、新产品不仅满足客户需求，还开拓和引发新的市场需求，动态改变消费者偏好，成为新领域的开拓者，从被动适应转变为主动领导。

（3）扎实高效的组织　仅有好的创意、好的机会还不足以真正成就一个企业，新产品和新技术的实现和推广，尤其是在进入市场后，应该依靠坚实而高效的团队努力。因此，只有建立一个善于学习、能够积极适应市场的高素质组织，才能真正落实新产品的营销推广战略，将企业的意图贯彻到底。

3. 应对宏观经济环境及政策法规的变化　在整个宏观经济环境及政策法规的变化下，作为创业者可先做好如下准备。

（1）选准恰当的时机　任何国家或地区都存在经济周期。创业型企业应把握市场趋势，在经济衰退或萧条阶段启动创新和研发，然后在宏观经济繁荣和经济崛起时期进行市场运作。在周期的上升阶段，投资情况和市场需求会变得更好，业务风险相对较小，可以降低成本，提高收益。

（2）重视环境和市场的选择　初创企业应谨慎选址和市场开发。我们不仅要注意产业的发展特点，还要综合考虑预选地区的政策、文化和自然环境，尤其是对产业经营和资源条件要求较高的企业。此外，还应考虑市场开发所在国家和地区的宏观环境和相应的政策法规，以及总体发展规划。

（3）了解政策法规　初创企业在选择项目时，应充分了解国家和地方有关行业的政策法规和行业发展趋势。有助于企业选择行业和政策法规支持的行业。同时，要深入了解公司的形成、经营和市场的各种法律规范，把握最新趋势，善于利用发展机遇，这对企业的短期和长期发展都有很大帮助。

（4）冷静对待法规的变化　如果政策和法规发生变化，企业家应该冷静地分析如何利用新兴的商业发展机会；或者如何采取措施避免可能的损失。不要盲目追随热门行业，放弃优势项目或拒绝改变，甚至做违反国家或地方规定的事情。

4. 应对资金风险　资金是每个企业运作的关键因素。一般的创业者在面临资本风险时，应更加关注整个市场的价格波动趋势，发现价格变化迹象时应积极采取措施；同时，根据市场变化动态分配生产资源，调整采购、储存和发货量，创业者应通过观察和内部监管成功应对资本风险。同时，要努力把风险转化为机遇，抓住市场机遇。

5. 应对信用危机　在我国，信用机制仍处于相对不完善的阶段。因此，创业者应保持警惕，了解投资者、技术持有者、管理层和技术开发人员、供应商以及其他人员或组织的资本信用状况、技术和财务能力。此外，通过谨慎有效的合同，使用法律工具保护自己和他人的合法权益。

⊛ **知识拓展**

创业风险规避的ABC法则

ABC法则分别指的是远离（Away）、更好（Better）、相容（Compatible）。企业要想有效地规避创业风险，就必须要遵循这三点。

远离，指的是创业者要知道导致创业风险产生的源头，并且要远离这些风险源，从根本上杜绝风险。

更好，指的是创业者要在之前既定目标的基础上，要做到更进一步，通过提高自己的能力来抵御风险。

相容，指的是企业要多方面收集可以规避风险的方法或体制，并使自己现有的体制与之相容，更好地降低风险。企业在经营过程中，要学会运用这三点，来减少不必要的风险或降低风险的危害性。

（二）创业风险的内部防范措施

与外部风险相对的是内部风险，即由企业本身控制或由企业决策失误等造成的风险。每个企业内部都存在不同程度的风险，常见的风险形式及应对方法。

1. 应对投资分析的风险　由于传统行业的投资分析都是根据所在产业的历史发展经验数据和可靠材料的基础上进行的，而创业企业大多数属于新领域高技术企业，前期数据往往缺乏历史数据的支撑，仅凭创业者的直观感觉和一些不太成熟的调查数据导致精确度常常很低。

此时，初创企业可以参考相关行业的发展，通过横向比较得出差异和共性，为自己的决策提供参考依据。无论如何，这就是估算和统计的方法。因此，在实施过程中，要特别注意动态分析和及时调整，我们不仅要考虑计算的数据，还要考虑环境的变化和企业的实际需要。

2. 应对技术风险　产品的核心是技术，在企业内部如何避免因技术产生的风险，总结起来可参考如下几点。

（1）专利、知识产权的保护　新技术可以估价入股是创业企业的无形资产，因而，寻求专利或是知识产权的保护是不容忽视的重要环节。

（2）技术保护　除了专利的保护，在新技术或新产品推向市场之前，还应考虑加入技术成分的保护。如化学配方设法使他人无法通过成分检测破解，在机器的核心电路部分设置加密芯片或进行封装、软件内核加有自己的监控毁灭程序等。

（3）应对管理危机　由于创业企业的管理团队一般都比较年轻，又是刚刚组建的，彼此缺乏默契，再加上管理经验不足，又要在短时间完成新技术、新产品的生产和推广，因而会出现很多的管理问题，必须积极采取措施进行应对。

（4）应对财务危机　初创企业，在面对这些财务危机时，企业家应采取相应的措施。

（5）放弃追求高利润　在发展初期不过多地追求利润指标。至少在前五年，企业始终以用户需求为首要目标，在资金许可的情况下增加投资，提高产品的技术含量。

（6）利用现代财务分析工具　良好的财务管理是实现创业目标的必要条件。如果情况允许，企业可以使用最先进的财务分析工具来控制公司的财务状况。

（7）适时调整财务结构　企业在发展过程中要适时调整财务结构。事实证明，如果销售额增加，新企业的增长速度将大于资本结构的增长速度。

（8）进行资金规划　公司每个年度都要进行资金规划。资本规划是大多数新企业生存的必要工具。

（9）制定财务制度　定一套完善的财务制度，有效控制应收账款、存货、制造成本、管理成本、服务、分销等。同时，公司应根据实际情况随时制定和调整财务制度，确保严格执行。

目标检测

答案解析

一、单项选择题

下列哪项不是新企业注册的流程？（　　）

　　A. 预名核准　　　　B. 选择管理员　　　　C. 编写公司章程　　　　D. 开设银行账户

二、多项选择题

1. 当创业时，可以选择哪些企业组织形式？（　　）

　　A. 个人独资企业　　B. 合伙企业　　　　C. 有限责任公司　　　　D. 股份有限公司

2. 初创企业的管理原则有哪些？（　　）

　　　　A.“生存第一”原则　　B.“现金为王”原则　　　C.“分工协作”原则　　　D.“事必躬亲”原则
　3.创业风险按照风险的来源，可分为（　　）
　　　　A.主观创业风险　　　　B.静态风险　　　　　　C.动态风险　　　　　　D.客观创业风险
　4.创业风险的识别步骤有哪些？（　　）
　　　　A.信息收集　　　　　　B.识别风险　　　　　　C.重点评估　　　　　　D.拟定计划

三、简答题

请简述创业风险的防范措施。

（谭　萍）

- -

书网融合……

知识回顾　　　习题

下 篇

第七章　中医药创新创业方向介绍

PPT

学习目标

知识要求：

1. 掌握中医药创新创业的能力要素和创业方向。

2. 熟悉中医药创新创业的策略。

能力要求：

1. 能够说出中医药创新创业的背景与意义。

2. 学会将中医药专业知识与行业需求相对接。

第一节　中医药实体创新创业方向

一、中医药发展与创新创业

（一）中医药发展与资源优势

1. 背景与意义　随着人们健康观念的转变，人们对健康的需求日益增加。中医倡导的治疗理念和健康生活方式越来越受到重视。中医药产业是一个具有巨大市场潜力的新兴产业，将迎来良好的发展机遇。我国经济发展进入新常态，国家迫切需要培育有长远竞争力的新增长点，国家已把中医药摆在国家发展大局中来谋划，建设"一带一路""健康中国"也迫切需要充分发挥中医药独特优势。

当前，中医药事业站在新的历史起点上，肩负着更大的责任。在大众创业、万众创新蓬勃发展的新时代，提升大学生创新创业能力，既是国家战略的外在需要，也是新时代大学生素质提升的内在要求。随着《中医药发展战略规划纲要（2016—2030年）》的出台，中医药的发展迎来一个新的高峰，得到了国家政策的大力支持。具有中医药专业知识的创新创业型人才在行业内创业将会有巨大潜力，加强中医药院校大学生创新创业能力的培养势在必行。

2. 中医药资源优势　中医药是中华民族原创的医学科学，为中华民族的繁衍昌盛做出了重要贡献。中医药资源优势明显，挖掘利用好中医药资源，发掘好中医知识满足人民群众健康需求，大力鼓励中医药院校大学生行业内创新创业，更好地为我国经济社会发展大局服务，意义十分重大。

第一，中医药是独特的卫生资源。现代医学理念正由治愈疾病向加强疾病预防、提高健康水平的方向转变，中医药具有的整体观、系统论和辨证论治思维，在预防保健方面具有更突出的优势，可以说中医药是祖先留给我们探索医改"中国式办法"的一条独特捷径。

第二，中医药是潜力巨大的经济资源。中医药涉及产业链条长，吸纳从业人员多，拉动消费作用大，在促进就业、扩大内需方面有很大潜力。因此要善于把中医药的经济资源优势转化为产业优势，加快中医药发展，为推动经济结构调整和发展方式转变做出应有贡献。

第三，中医药是具有原创优势的科技资源。中医学在中国是一门独特的医学。它具有丰富的原创思维、医学实践和深厚的群众基础。它具有巨大的创新潜力和与实践相结合的能力。总结和利用中医药经验，运用现代科技手段加快中医药创新，有助于探索医疗卫生领域创新驱动发展的新途径，为其他领域的创新驱动发展提供参考和示范。

第四，中医药是优秀的文化资源。中医药学是"打开中华文明宝库的钥匙"，承载着中华文化的基因，流淌着中华文化的血液。弘扬中医文化不仅可以普及医学知识，而且可以提高人民的文化素养，传承中华文化的优秀基因，增强中华民族的凝聚力和向心力。同时，把弘扬中医文化与中医"走出去"结合起来，向世界弘扬中华文化，增强国家软实力。

第五，中医药是重要的生态资源。维护好这一资源是建设生态文明的重要组成部分。中医药学源于自然，具有天地人和的整体观。它注重人与自然和谐共处，这与尊重自然、顺应自然、保护自然的生态文明理念内在一致。进一步推进中医药与养老、旅游、饮食、体育、互联网的融合，深化健康旅游示范区、中医药示范基地和示范项目建设，建设具有中医药特色的示范基地，引导中医药产业链和规模化发展。因此，合理生产、开发和利用中医药资源是保护生态资源的重要任务。

中医药大学生不仅要熟悉和掌握中医药的专业知识和技能，还要关注顾客的需求，挖掘中医药的"五大资源"，有效满足顾客的健康需求。中医药院校的大学生要在行业中创业，就要学会立足专业实际，充分发挥自己的专业专长和知识，在国家日益重视中医药的背景下，要激发人们心中的中医文化情结，利用现代科技手段，把中医药专业知识与现代科技结合起来，赋予创业活动活力，充分发挥中医药特色优势。

（二）中医药创新创业能力要素

1. **创新创业能力**　创新，是近年来使用最频繁的词汇之一。学者们对创新的概念有不同的看法，但普遍认为创新是将生产要素和生产条件的"新组合"引入生产系统。创新能力主要包括动手能力或操作能力、掌握和应用创新技术的能力、表达创新成果的能力，即创新所需的能力加创业所需的能力。

创业可以分为狭义和广义。狭义的创业是指个人或团体依法设立企业，以营利为目的从事的经营活动。大学生自主创业属于狭义的创业，是大学生利用自己的知识和技能筹集资金或参股创办企业或与他人合作的过程。创业能力是一种综合能力，包括学习能力、决策能力、管理能力、沟通能力等。

2. **中医药创新创业能力要素**　中医药创新创业能力可分为门槛能力和差异能力。创新创业门槛能力是创新型企业家必须具备的基本能力。它包括以下四种能力：第一，学习能力。大学生要想创新创业，必须及时更新旧知识，吸收新知识。第二，应用知识的能力。第三，良好的社交能力。大学生创业后会接触到不同类型的人，在创新创业的过程中，团队之间的协调、克服各种困难以及活动的正常开展都需要良好的社会技能。第四，良好的心理调试能力。创新创业之路充满艰辛和曲折，这就要求创业者具有很强的心理调节能力，在遇到挫折时能够承受内心的压力，并继续保持积极冷静的态度。

创新创业差异能力是创新创业成功的关键能力。它包括以下四种能力：第一，批判性思维能力。创新创业者需要有较强的独立思考能力，能够积极提出建议、计划并付诸实施，能够在各种复杂情况下找出问题的关键并据此制定创新创业计划。第二，灵活性。多才多艺指的是思维能力，能够快速、轻松地从一种对象切换到另一种对象。它要求创新者和企业家从一个想法转变到另一个想法，或者从多个角度思考，并且能够用不同的分类或方面研究问题。第三，组织协调能力。创新型企业家成功的必要条件不是他在专业上有多优秀，而是他必须有良好的组织协调能力。优秀的创新者和企业家必须根据团队每个成员的特点分配不同的职位，以充分发挥团队的最佳实力。第四，信息处理能力。在互联网时代，信息是发达的，信息量是巨大的，这就要求创新者和创业者区分有用信息和无用信息，充分掌握信息的敏感性、利用率和及时性，及时对信息进行分类、处理和简化。

二、中医药实体产业创新创业方向

中医学是我国历史悠久、理论和技术方法独特的医学体系，是我国医疗卫生事业的重要组成部分。在治疗常见病、多发病和疑难病时，具有疗效好、成本低、副作用小的优点。近年来，随着我国人口老龄化进程加快，以及居民消费水平不断提高，我国居民对健康保健的关注度逐渐提升，带动我国中医药市场规模不断扩大。目前，中医药实体行业发展将不断向规范化、品牌化、标准化以及国际化等方向升级。适合中医药院校大学生实体创业项目主要有中医类诊所、中药材种植、加工、销售、医药产品产销、保健服务与咨询以及与人们健康紧密相关的生产和服务领域。

（一）中医类诊所

中医类诊所是指在中医药理论指导下，充分运用中药和针灸、拔罐、推拿等非药物疗法进行诊疗服务，以及提供中药调剂、汤剂煎煮等中药服务的诊所。中医诊在中医药蓬勃发展的大好形势下迎来了春天。日益增长的中医养生需求是中医诊所发展的内因，国家法律政策的推动是中医诊所发展的外因。

2016年12月25日，十二届全国人大常委会第二十五次会议审议通过了《中华人民共和国中医药法》，并于2017年7月1日正式施行。《中医药法》第十四条：举办中医诊所的，将诊所的名称、地址、诊疗范围、人员配备情况等报所在地县级人民政府中医药主管部门备案后即可开展执业活动。第十五条：以师承方式学习中医或者经多年实践，医术确有专长的人员，由至少两名中医医师推荐，经省、自治区、直辖市人民政府中医药主管部门组织实践技能和效果考核合格后，即可取得中医医师资格；按照考核内容进行执业注册后，即可在注册的执业范围内，以个人开业的方式或者在医疗机构内从事中医医疗活动。也就是说新政策规定了开办中医诊所的将不再施行行政许可，而是改为备案制。在备案过程中行政备案机关并不对备案事项进行实质性审查，也不能增加"现场验收""专家审核"等附加环节，切实为开办中医诊所打开一条便捷实在的"绿色通道"。以上两条法案让有中医梦想的、想要创业的人们尤其是中医药院校大学生有了一个进军中医市场的机会。

值得一提的是，《中医药法》规定了中药饮片加工的相关规定。例如，第28规定，"对市场上没有供应的中药饮片，医疗机构可以根据本医疗机构医师处方的需要，在本医疗机构内炮制、使用。医疗机构应当遵守中药饮片炮制的有关规定，对其炮制的中药饮片的质量负责，保证药品安全。医疗机构炮制中药饮片，应当向所在地设区的市级人民政府药品监督管理部门备案。"这也就表示，《中医药法》允许医疗机构对中药饮片进行再加工，或者根据临床需要，凭处方炮制市场上没有供应的中药饮片。同时，对仅应用传统工艺配制的中药制剂品种和委托配制中药制剂，将现行的许可管理改为备案管理。这样一来，中医诊所的中药饮片炮制实现了有法可依。这一方面确确实实给顾客带去了便利，也将有利于中药饮片销售。

中医药院校大学生举办中医诊所要符合备案条件：举办中医诊所的，报拟举办诊所所在地县级中医药主管部门备案后即可开展执业活动。举办中医诊所应当同时具备下列条件：个人举办中医诊所的，应当具有中医类别《医师资格证书》并经注册后在医疗、预防、保健机构中执业满三年，或者具有《中医（专长）医师资格证书》；法人或者其他组织举办中医诊所的，诊所主要负责人应当符合上述要求；符合《中医诊所基本标准》；中医诊所名称符合《医疗机构管理条例实施细则》的相关规定；符合环保、消防的相关规定；能够独立承担民事责任。

举办中医诊所需要准备提交的备案材料：《中医诊所备案信息表》；中医诊所主要负责人有效身份证明、医师资格证书、医师执业证书；其他卫生技术人员名录、有效身份证明、执业资格证件；中医诊所管理规章制度；医疗废物处理方案、诊所周边环境情况说明；消防应急预案。法人或者其他组织举办中医诊所的，还应当提供法人或者其他组织的资质证明、法定代表人身份证明或者其他组织的代表人身份证明。同时备案人应当如实提供有关材料和反映真实情况，并对其备案材料实质内容的真实性负责。

同时，中医诊所实体创业要注意以下两个方面：第一，强化自身专业能力，要"跳出中医做中医"。行业内创业既要围绕和坚持中医的核心思想，如辩证观、整体观等来构建核心产品服务，同时又要兼顾市场竞争与成熟度等，要拥有整体产品服务体系的设计思维。如要与教育咨询服务相结合，很多康复问题是由于顾客不懂中医等健康知识和行为配合而造成的。第二，贴合基层需求，坚持中医个性化诊疗模式，要提升中医药特色，做到专而精。被周总理称为"高明中医，又懂辩证法"的名医蒲辅周先生有一句名言："中医治病有一个秘诀，就是一人一方。"蒲辅周认为，辨证论治的基本特点，在于因人、因时、因地而异，即针对具体病人和具体病情，相应地做出具体处理，因此创业中要坚持中医个性化诊疗模式，根据每位患者的不同疾病、患者的不同体质、疾病的不同阶段、从辨证施治角度出发，全方位根据患者情况制定专属于每位患者的治疗方法，标本兼治。从市场的角度来看，"特色"更容易发展，只有差异化才能让个体中医诊所在市场中有竞争力。中医诊所打造出自己特色品牌，做到专而精非常关键，这样才能避开主流的公立中医院或是大型社会办医主流市场带来的冲击。

🖋️ 知识拓展

中华人民共和国中医药法

2016年12月25日下午，第十二届全国人大常委会第二十五次会议在京闭幕，会议表决通过了《中华人民共和国中医药法》，该法自2017年7月1日正式实施。制定中医药法的影响力不仅是国内的，也是世界的，是为解决世界医改问题提供的中国方案。中医药法的颁布实施，有助于提升中医药的国际影响力，扩大中医药对外交流与合作，增强中华文化软实力，适应"走出去"战略的需要。

（二）中药类实体

中药行业的快速发展为中医药院校大学生提供了就业和创业机会，从中药材种植、流通和加工、中药制剂研制开发和生产，到中医药学教育，药品的销售等。从产业链来看，中药实体产业链较长，涉及中药材种植、中药研发、中药制造、第三方物流和中医药销售等多个环节。在中药生产过程中，中药、中药饮片和中成药是中医药市场的三大组成部分；在中药销售中，公立医院、实体药店、医疗机构等是我国中药的主要销售渠道。由于中药产品研发和生产的特殊性，大学生可以接受的教育和实践形式都相对单一，中医药专业学生创新创业有两种方式：

1. 跨学科交叉研究进行创新创业　中国工程院院士赵文智说："跨学科交叉研究已经成为世界科技发展的主流方向，成为取得重大学科发现和产生引领性、原创性、颠覆性重大成果的重要途径之一，也是提升创新能力、培养拔尖人才的重要方式。

中医药可以与化学相结合，促进创新和创业。中医药专业学生可以充分发挥自己的专业优势，从中医宝库中寻找合适的药用植物，提取和分离有效成分，获得可以替代现有化学合成原料的物质进行推广。例如，迷迭香叶提取物具有良好的抑菌和抗氧化作用，几乎不含有害成分。因此，可以从这个角度考虑替代现有的化学合成防腐剂，这将具有良好的市场前景。迷迭香叶提取物也可以重新设计成不同的商业形式，例如用利用水分散技术制成的喷雾达到膜与膜结合的效果。根据这个想法，相信在中医药的宝库中会越来越多功效被用于新型开发。

中药可以与分子生物学相结合，促进创新和创业。分子生物学的发展极大地促进了制药工业的发展。目前，药物研究和开发的热点方向是分子靶向药物。中草药有很多特效，具体效果取决于药物的哪个成分与活体的哪个受体结合，以及哪个信号通路起作用，这需要进一步研究。例如，研究发现姜黄素、夏枯草、吴茱萸碱和黄连水性提取物可以抑制血管内皮生长因子的表达，从而抑制肝癌的发生；苦参碱衍生物、灵芝子实体乙醇提取物、大戟乙酸乙酯提取物和黄芩可通过抑制基质金属蛋白酶的表达来抑制肝癌的发生。因此，中医药专业学生，充分利用我们的中医药资源宝库，利用分子生物学的研究方法，研究中医药的作用途径和信号途径，从而开发特效药。

传统中药可以与药用高分子材料相结合，进行创新和创业。大多数中药需要煎煮和服用。煎煮过程麻烦，携带不便，用量大，不能满足现代人的生活需求。因此，中药配方颗粒被开发出来，服用方便，使用方便。又如一些药物由于自身的特性，生物利用度低或有效期短，我们可以在中药复方颗粒的基础上，结合药用高分子材料，制成特殊剂型，提高药物的亲和力，提高药物的生物利用度，或制备成靶向制剂和缓释、控释制剂，延长药物作用时间。

2. 跨产业交叉结合进行创新创业　中医药可以与畜牧业相结合，实现创新创业。现在人们越来越重视食品安全和营养，比如鸡蛋鸡肉，生活质量稍高的人需要购买草蛋而不是饲料蛋，他们会选择草鸡而不是饲料鸡。无论是鸡、猪还是其他动物，它们在生长过程中都不可避免地会生病。当然，使用抗生素是最经济的选择，但抗生素在使用后会在动物体内累积。如果你想饲养安全和无污染的家禽肉，你可以考虑用中草药来治疗和预防动物的疾病。例如，在畜牧业中，如果动物受到免疫抑制，接种疫苗就无法预防传染病。因此，可以将桑叶和杜仲提取物等中药免疫增强剂结合起来，提高动物的免疫力，然后接种疫苗，以确保免疫应答，增强抗病能力。再比如，仔猪腹泻是农场常见的问题。该病流行范围广，时间长，给农民造成经济损失。为了避免这种现象，农民通常在饲料中混合抗生素来喂养仔猪。在很长一段时间内，这将在猪体内积累大量抗生素，并对食用人群造成危害。一些学者研究了用中药党参、白术、茯苓、葛根和黄连治疗仔猪腹泻，以提高猪肉质量。因此，中医药专业的大学生可以将各种中医药的功效结合起来，应用于畜牧业，提高农产品质量，提高附加值，保证人们的生活质量。

中医药可以与餐饮业相结合，实现创新创业。所谓"药食同源"。随着社会老龄化的日益严重，医学和饮食保健越来越受到人们的重视。但是，如果在不了解中医知识的情况下乱用，可能达不到养生的效果，也可能给自己带来毒副作用，这说明中医知识的重要性和价值。我们的中医药专业学生可以利用自己的知识，以药膳顾问的形式指导有需要的人，根据他们的体质搭配药膳，定期推送相关小知识、药膳制作视频等，或者与一些餐厅合作推出具有多种保健功能的药膳菜肴。市场上的保健茶饮料种类和品牌很多，主要包括保健茶包、固体茶饮料和液体茶饮料。然而，消费人群有限，年轻人更喜欢在小型饮料店购买奶茶和咖啡。比如有的老字号民族药企，目前也在打造的中医健康餐饮体验店。据了解，这家店的中药咖啡成为年轻人的新宠，每天都能卖出上千杯。在这种健康饮食消费服务场景中提供的食品，从原料的选取，到制作的功法，都融入传统的中医养生理念，为消费提供安全、营养、健康的饮食。这集营养健康与美味于一体的饮食理念，在未来有望成为消费者追逐的饮食方式。

（三）健康产业实体

健康产业是产品生产、服务提供和信息传播等相关产业的总称，其目的是维护、修复和促进健康以及医疗保健的核心特征。它涉及医疗、医药、养老、养生、体育、旅游、文化、食品等诸多与健康密切相关的领域。它涵盖了整个产业链、整个区域、整个人口和整个生命周期，是相互交叉、相互渗透的综合性产业。其内涵包括健康种植、健康生产和健康服务。它的延伸是为心理健康、道德健康和社会适应提供支持的产品和服务，包括休闲健身、健康旅游、健康文化、健康房地产、健康金融等。健康产业是根据时代发展、社会需求和疾病谱变化而提出的一个整体概念。大健康产业可以理解为所有专注于满足各种健康需求的产业的总称。健康产业是一个具有巨大市场潜力的新兴产业。美国著名经济学家皮尔泽曾将其称为全球"财富第五波"。

大量数据表明，我国已经进入人口老龄化快速发展期，不仅得到了政府的重视也引起了社会各界的关注；现在的人们已经不再满足于"治已病"，而是更加注重于"治未病"、更加注重养生保健等，这就给大健康产业带来了前所未有的发展机遇。2016年"十三五"开局之年，健康产业得到国家政策的力挺，同年10月25日，国务院印发的《"健康中国2030"规划纲要》，将"健康中国"上升为国家发展战略和经济发展新引擎。

随着人们健康意识的逐步提高，健康服务领域已经从传统的单一"治疗"领域扩展到"预防""治疗"和"休养"三个领域。绿色食品和保健品相关产业属于健康服务领域的第一阶段产业。作为处于大健康"预防"阶段的重要产业，营养保健品的消费比例逐渐提高。中国允许用于保健品的中药原料主要包括"食品和药品"以及"可用于保健品的原料"。将中医养生理论和方法与现代高新技术相结合，研究开发天然成分的保健食品、保健品，不仅具有整体调节功能，还能刺激人体防御系统，同时还要避免化学品的毒性和副作用。目前保健品政策力度偏紧，存在放宽空间，同时人均可支配收入水平远落后于发达国家，消费能力分化明显，中高收入人群消费能力未完全满足，叠加人口老龄化加剧，消费潜力巨大。

"治疗"需求是人类对健康需求第二阶段的需求，也是核心阶段。这个阶段医药、医疗器械产业是满足人类疾病医治需求的基石产业，产业需求容量与发展空间不言而喻。2016年国务院常务会议，明确了我国未来医药产业创新升级的四大方向，总结为加强原研药、首仿药、高端医疗器械等研发创新，通过仿制药一致性评价等措施提高基本药物质量，提高医药行业的市场集中度，建立完善现代医药流通网络四个方面。医药、医械领域创新创业相比其他创新创业来说难度要大些，应多从临床研究、技术落差、需求变化中寻求创新。

医疗服务产业属于健康需求的第二阶段产业，也是不可或缺的核心产业。随着经济的发展和人均收入水平的提高，医疗服务需求不断增长，进一步强化了医疗服务需求的刚性特征，同时人们迫切希望得到更多的服务项目和更好的服务体验，催生出人们对医疗服务更多元化的需求，同时也酝酿了新的投资机遇。创业项目的形态也非常多元化，如综合问诊平台、特殊时期的服务平台（如备孕期、孕期、产期、经期等），在美容行业引发了一股中医药养生美容的潮流。

"休养"需求是人类对健康需求的第三阶段需求。如康复护理、康养旅游、养生旅游、医疗旅游、休闲观光、养老服务、老年用品、养老金融等一定程度上都属于满足人们对健康"休养"需求的产业。如中医药健康旅游康养可以开展以体验尝试、观光旅游、参观购物、科普教育等形式为主的创业活动。

第二节 "互联网＋中医药"创新创业方向

中医药学是人们在长期同疾病做斗争的过程中不断取得的丰富的经验总结，然而由于中医药自身完整的理论体系，及对中医药学的需要经历长期的时间积累，使现如今人们对它的认识不够充分，"互联网＋中医药"不是简单的一加一的关系，练好"内功"的同时，要有意识有策略地向互联网"借东风"，打破医疗信息、资源不对称的壁垒，重构传统产业，助推转型升级，让中医药行业更好地服务于人类健康。

一、互联网影响下中医药行业新趋势

随着互联网＋时代的发展，中医药的移动化和智能化成为可能。中医服务人员在为患者服务时需要面对面诊断。现在，他们可以通过专门的微信平台官方账号、智能穿戴终端完成对患者的诊断和治疗，并可以通过常规检查实现，从普通的望诊如舌诊、脉诊，到望形体、问诊等方面均可实现。在相关平台上进行预订或咨询是当今人们所熟悉的。随着互联网＋的发展，传统中医诊疗模式也将发生新的变化，进一步适应时代的需要。在中医药研究领域，"互联网＋智能"的优势更加明显。例如，可以在互联网智能平台上模拟和构建中药的有效分子结构，并对其结构进行分析、解释和重构，这将有助于微观研究的深入研究。互联网＋时代不仅促进了中医药服务的流动性，而且促进了中医研究的智能化。

中医药正在以智能化技术转型，中医药正在整合多学科、多渠道、多平台。纵观国内外行业发展史，一个行业能否成功转型取决于与新兴领域的融合程度。目前，互联网＋在我国各个领域都显示出其优越性。在中医服务领域，也得到了公众的认可。例如，中医视频和音频在人们的生活中越来越流行，并创造了新的互联网医疗生态圈。随着中医药多学科互助发展模式的不断建立和完善，利用互联网探索未知领域的便利性，必将催生更多的学科、技术和方法来辅助和支持中医药现代化。国内外一些研究机构开始尝试利用大数据平台和数据挖掘技术，将智能搜索与智能推送相结合，在智能技术的指导下实现中医药研究的转型。

二、"互联网＋中医药"创新创业领域

互联网＋将全面助力中医药的发展和创新，中医医学思想、中药自然价值、中医药高疗效低成本，完全契合新型健康管理理念，而以互联网为手段，也将推动传统中医药再现新生机。拥有几千年历史的传统中医药文化和"前卫"的互联网文化相遇，将发生奇妙的"化学反应"。互联网＋中医药创新创业是基于中医药与互联网的深层次融合，基于大数据、云计算、物联网和人工智能技术体系，重点关注中医医疗服务、中医医疗保健、中医健康旅游、中医医疗保健、中医文化等具体领域。

在中医医疗服务方面，依托实体中医医院，建立互联网中医医院，建立并应用人工智能辅助诊断信息系统和中医辨证治疗智能辅助系统，开展常见病和慢性病的在线随访，并提供互联网扩展医嘱和电子处方等中医医疗服务。整合中医药线上线下资源，实现预约分诊、诊疗，提供定时治疗、候诊提醒等服务，实现实时结算、跨诊所结算，实现电子支付。中医药联合体牵头医院要充分发挥技术辐射带动作用，探索远程医疗中心和共享药房建设，为社区卫生服务中心、乡镇卫生院、村卫生室等基层医疗卫生机构提供远程医疗服务和统一规范的中医药学服务。充分发挥移动互联网和大数据在分级诊疗中的作

用，促进中医药信息共享和服务协同。

在中医药保健服务方面，深化中医药保健互联网服务发展，为中医药治疗和预防疾病创造智慧云，建立中医健康信息服务知识库和移动应用，开展中医健康信息服务的健康需求、健康评估、服务过程记录、效果分析和长期跟踪，推广相应的个性化中医预防保健知识、健康干预计划（服务包）等。同时，要充分发挥不同形式和模式的社会力量，发展"互联网+医疗保健"，发展和规范中医药保健服务APP、网站、微信小节目等信息平台，建立"网上订购、实消费"等O2O商业模式。

中医药健康旅游方面，加强各级中医药博物馆、展厅、中药种植基地和药用植物园的数字化建设，利用虚拟现实、增强现实、混合现实、图像现实等技术，建立虚拟展厅和体验中心，提升中医健康旅游的娱乐性和趣味性体验，培育一批具有中医特色的旅游品牌，推广中医保健、科普知识等中医健康知识。

中医药健康养老方面，深入分析中医健康养老数字化需求，运用互联网思维思考健康养老结合模式，规划智能化服务措施，鼓励社区养老服务信息平台、国家健康信息平台、中医药博物馆健康信息平台互联互通，推广利用互联网提供社区、家庭中医药健康养老服务。养老机构是为老年人提供集中住宿和护理服务的专业机构。它们可以成为中医保健和养老服务的重要阵地。为老年人提供线上线下中医保健、医疗、康复、护理等健康养老服务，收集、分析、挖掘老年人日常健康、行为管理、慢性病管理、预防保健等信息，研究开发具有中医特色和优势的智能产品、信息平台和移动应用。

中医药文化方面，建立中医药文化资源数据库和中医药文化传播平台，推动传统媒体与新兴媒体深度融合发展，建设智慧型活态中医药博物馆、智能化中医药文化体验场馆和文化宣传教育基地，开发创作一批适合移动新媒体传播的数字化中医药文化精品佳作和科普作品。找准互联网与中医药文化契合点，创新图片、文字、视频、读物等传统中医药文化传播形式，善于借助数字出版、互动新媒体、移动多媒体、动漫、三维模型等现代化交互体验方式。

第三节　中医药文化创新创业方向

一、中医药文化

（一）中医药文化内涵

国家中医药管理局在《关于加强中医药文化建设的指导意见》中指出："中医药文化是中医药学的根基和灵魂，是中医药事业持续发展的内在动力，是中医药创新进步的不竭源泉，也是中医药行业凝聚力量、振奋精神、彰显形象的重要抓手。我们要增强传承和发展中医药文化的自觉性和主动性，从发展繁荣社会主义文化、建设社会主义文化强国的全局来认识和把握加强中医药文化建设的重大意义。"

中医药是最能代表中国国家形象的文化符号。在代表中国国家形象的文化符号中，中医药排名第一。中医文化是增强"文化自信"，促进中华文化伟大复兴的强大动力。中医文化具有科学文化和人文文化的双重属性。在文化属性方面，中医体现了中国传统文化的价值观和思维方式，与人类健康和人民生活密切相关。中医药文化作为一种特殊的文化形态，将充分发挥其强大的文化功能，为促进中华优秀传统文化的伟大复兴做出巨大贡献。开展中医文化创新创业，首要问题是深刻把握和准确界定中医文化的内涵和外延。因此，在界定中医文化内涵的过程中，要充分体现中医文化的本质和特点，有利于中医文化的传承、传播和创新。

中医药文化可以促进中医药的发展，这是中医药的生命力所在。中医文化的现代性是联系中医过去与未来的纽带。随着时代的发展，中医药不断发展和创新。中医文化不仅要体现这一发展和创新，还要推陈出新，成为这一发展和创新的源泉。

中医药文化是人类在社会历史实践中创造的与中医药有关的物质财富和精神财富的总和，即中医药文化是有形的"文学"和无形的"文学"的总和。中医文化的有形"文献"是指中医典籍、中医器具和中医场所。《黄帝内经》《伤寒杂病论》等中医经典是中医知识的重要载体，是了解中医文化的基础和重要途径；中药、针头等中医器具是中医治疗的必备工具，是中医文化的物质载体；中医药之地是中医药进行治疗的地方，是中医药文化生动逼真的展示。中医文化的无形"文献"，是指中医文化的哲学基础和文化根源、名家名著的文化思想和风格、道德观念、行为准则、文化传承与创新等方面的研究内容。这些都是开展文化创新和中医药创业的良好结合点。

同时，中医药文化也是提升国家文化软实力的重要途径。超越传统文化，顺应人类社会生活的潮流，具有独特的优势。世界各民族的文化和文明是多样的、多彩的、平等的。他们应该相互尊重和宽容。中医文化是一种"去意识形态化"的文化，其他民族很容易接受。在人力资源危机、生态破坏和环境污染的严峻形势下，中医文化顺应了当今社会"崇尚自然""回归自然"的潮流。它的天人合一思想和朴素、廉价的特点正吸引着许多国家政府和人民的关注和喜爱。

（二）中医药文化传播与传承

当今时代，中医药文化传播的路径是多样化的，这丰富了中医药文化的展示形式，为中医药文化的传播和传承提供了良好的契机。

1. 教育传播 文化传承与创新是高等教育的四大功能之一。在人才培养过程中，特别是在中医药院校的教育中，弘扬中医药文化是学校的神圣使命。在信息技术飞速发展的当代，继承和弘扬中医药文化，提炼中医药文化特色，实施中医药文化教育不仅仅是课堂和书本上的教育。高校要结合自身的专业人才培养计划，把中医药文化与学生人文素质结合起来，通过举办一系列中医药文化讲座，继承和弘扬中医药文化，参观中医药博览会，观看中医药文化宣传片，开展中医药文化社会实践。

2. 产业传播 《中医药发展战略规划纲要》中提出要发展中医药文化产业，加强中医药文化产业规划和融合。在大众创业、万众创新的今天，大学生不仅是传统文化的继承者而且还是主力军、开拓者。引导大学生去关注传统中医药文化，将创新创业教育与传统中医药文化继承有机结合起来，不仅能提升在校大学生的文化素养，还可以让大学生在创新创业实践中不断总结经验，以更大的热情投身到中医药文化创意产业之中。利用现代信息技术，优化中医药文化产业结构，将中医药文化与全媒体有机结合起来，对中医药文化的内涵进行挖掘，开发出高附加值的中医药文化科普创意产品，发展中医药文化创意产业。《中医药发展战略规划纲要》提出发展中医药文化产业，加强中医药文化产业的规划整合。在今天的大众创业和创新中，大学生不仅是传统文化的传承者，也是主力军和开拓者。引导大学生关注中医药文化，将创新创业教育与中医药文化传承有机结合，不仅可以提高大学生的文化素养，也使大学生在创新创业实践中不断总结经验，以更大的热情投身于中医药文化创意产业。运用现代信息技术，优化中医药文化产业结构，将中医药文化与各种媒体有机结合，挖掘中医药文化内涵，开发高附加值的中医文化科普创意产品，发展中医文化创意产业。

3. 全媒体传播 推进媒体融合，建设全媒体已成为当前我们面临的紧迫课题。全媒体传播中医文化是一种必要手段和必然趋势。"全媒体"是指媒体信息传播采用文字、声音、图像、动画、网页等多种媒体表现手段，通过广播、电视、音像、电影、出版、报纸、杂志、网站等多种媒体形式，通过综合广播电视网进行传播，电信网络和互联网（三网融合），最终实现用户可以使用电视、电脑、手机等终端完成信息的融合接收，从而在任何时间、任何地点、任何终端获得任何想要的信息。根据受众的不同需求，提供超细分的媒体服务，选择合适的媒体形式，实现受众的全覆盖和最佳传播。

> **✒️ 知识拓展**
>
> ### 中医药文化建设
>
> 　　国家中医药管理局为进一步繁荣发展中医药文化，提升中医药文化的凝聚力、影响力和竞争力，发挥中医药文化对事业发展的引领作用，推动中医药全面协调可持续发展，根据《中华人民共和国国民经济和社会发展第十三个五年规划纲要》《中共中央关于繁荣发展社会主义文艺的意见》《"健康中国2030"规划纲要》《中医药发展战略规划纲要（2016-2030年）》《中医药发展"十三五"规划》等，制定该规划。并于2016年12月19日公布。该规划进一步推动了中医药健康养生文化创造性转化和创新性发展，增强了中医药行业文化自信，发挥了中医药文化对事业发展的引领作用。2022年3月，《"十四五"中医药发展规划》发布，进一步要求"加强中医药文化研究和传播""发展中医药博物馆事业""做大中医药文化产业"。

二、中医药文化创新创业

　　中医药文化创新创业是指基于中医药文化产业的创新创业过程。从广义上讲，中医药文化的创新创业主要集中在中医药的物质文化和精神文化资源上，从狭义上讲，中医药文化创新创业主要关注中医药精神文化资源。目前，中药文化产业仍然是一个新兴产业，市场竞争力较弱。中医药文化产业规模小，缺乏品牌效应，没有形成完整的产业链。

（一）广义上的中医药文化创新创业的路径

　　1. 与旅游业的融合　旅游产业是由为旅游者提供"行、游、购、住、食、娱"和相关产业组合而成的产业群。中医药文化与旅游产业的融合互动，不仅为旅游产业结构升级开辟了新方向，也为中医药文化找到了新的创新点。中医文化旅游的创意点可以体现在旅游业的各个环节。如充分发挥中医药的旅游价值，中医药的鉴赏力、知识性、趣味性和人文性是中医药旅游深入发展的卖点；中药的种植、加工、制膏和品尝也能给游客带来愉悦，对传播中医文化、加深对中医文化的了解有着不可替代的作用。充分挖掘中医饮食旅游文化，将正宗药材与特色饮食相结合，让游客体验中医饮食文化和中医文化的精妙。休闲健康文化与旅游文化相结合，尤其是随着旅游群体中中老年人的增多，他们对中医健康旅游的兴趣越来越大。

　　2. 与社区文化的融合　社区是开展中医养生文化的理想场所，符合中医药个性化、简单、廉价的特点。太极拳、五禽戏、针灸按摩、茶疗、食疗、音乐养生、宗教文化等。特别是中国的老龄化时代即将到来，疾病、虚弱和孤独是老年人的主要特征。中医的保健文化可以说是非常有用的。此外，老年人出行也不方便。因此，在社区基础上为老年人提供保健知识和学习场所是必要和可行的。因此，以社区链的形式开展中医保健文化的推广和服务，是中医文化创新的新理念。

　　3. 保健文化的生活创意　在日常生活的每一个角落，中医养生文化无处不在。自我按摩、轻拍、揉捏、冥想等都能带来意想不到的健康体验，这就是中医文化之美。所谓身体保健，就是赋予日常生活必需品以保健功能。目前很多产品都贴上了"保健"的标签,坐、卧、住、走、吃、用,生活的方方面面都能激发新的创造力和灵感。

(二)狭义上的中医药文化创新创业的路径

中医文化正以大众文化的形式迅速进入人们的日常生活。流行歌曲《本草纲目》无疑是将中医经典与大众文化相结合的大胆尝试。因此,在充分挖掘中医文化内涵和精髓的基础上,合理利用各种现代媒体手段,影响当前的生活观念和生活方式,实现中医文化创意产业的发展与繁荣。

中医药文化创意产业是基于中医药所蕴含的历史、地理、习俗、传统习俗、思维行为方式、价值观等人文因素,利用现代信息媒体和科技手段实现其巨大的产业价值。如以中医药文化为题材的影视剧一度热播,通过巧妙的中医情节和简单的中医知识介绍,让深奥的中医文化充满了趣味,从而掀起了中医食疗、中医针灸、中医美容等中医热。可以看出,一个想法所产生的价值共鸣是如此巨大,以至于它经常会引发一系列连锁反应,价值链由此衍生和延伸,价值成倍增加。因此,借助影视动画、游戏平台等现代科技媒体,可以广泛传播中医文化,扩大中医文化的影响力。

2021年国家中医药管理局、中宣部、教育部等部门共同制定《中医药文化传播行动实施方案》,将创作一批承载中医药文化内涵的中医药题材纪录片、动漫、短视频等文艺作品作为重点任务之一,旨在利用当下各类热点传播手段,开辟新兴的中医药文化传播之道。通过中医药文化资源整合、数字出版、新媒体互动、中医药科普、动漫、产品、传播平台和客户端、数字化交互体验等形式,将中医药文化元素发掘与升华,赋予中医药文化新的生命力,激发中医药原创优势,赋予其时代价值,讲好中医故事,这可以说是推动中医药文化创新创业新的方向。

目前,随着中医药文化逐渐深入人心,许多创新创业团队在做这一方面的尝试,有些公司用动漫形式传播中医药文化。将《汤头歌诀》《本草纲目》《黄帝内经》植入动漫改编为故事,寓教于乐,将传播中医药文化作为特色,率先践行"中医药文化从娃娃抓起"。以动画片形式传播中医药文化,不仅形式新颖别致,而且强调"趣味性"第一,有利于从小培养孩子对中医药文化的亲近感,更容易对中医药文化进行传承。更重要的是,动漫和中医药相结合,不仅能极大推动中国中医药文化的传播,而且能带动国产动漫业的发展,使中国动漫具有中国特色,增加其原创力和创新性,二者紧密结合更容易把中医药文化和中国动漫推向世界。

岗位情景模拟 3

中医药文化源远流长、博大精深,具有丰富深刻的思想文化内涵,在疾病防治中功不可没。中医药文化传播者要以宝贵的中医药文化资源为基石,创作出美轮美奂的中医药动漫作品。目前中医药动漫的传播现状:首先,中医药漫画作品数量不多,质量欠佳;其次,中医药动画作品传播范围不广、影响不大;第三,受众单一,单调的风格只会拥有单一的受众。当前的中医药动漫设计风格大部分针对低龄儿童;第四,没有建立适时有效的反馈机制,创作者难以根据受众的反馈来调整或改变,致使其质量不尽人意。

问题与思考

根据目前现状,请为这种动漫传播创业方向提出合理化建议。

答案解析

实训实练三　遇见创业者　讲述医药人自己的故事

【实训目的】

通过了解身边的中医药创业榜样，掌握中医药创新创业的能力要素和创业方向。

【实训方式】

寻找创业榜样，分享创业故事。

【实训步骤】

1. 前期准备　了解中医药创新创业成功的案例。

2. 具体要求

（1）能够说出中医药创新创业的背景与意义。

（2）了解中医药创新创业方向，学会将中医药专业知识与行业需求相对接。

（3）掌握中医药创新创业的能力要素。

3. 成果展示

（1）寻找创业榜样，对其进行访谈。

（2）分享自己的中医药创业项目的创业计划。

【实训作业】

1. 实训活动一　寻找身边的中医药创业榜样，对其进行访谈与其他同学分享其创业历程与经验。

2. 实训活动二　假如我要创业。

（1）你认为创业成功最重要的因素有哪些?

（2）请整理出适合自己的中医药创业项目的创业计划。

目标检测

答案解析

一、单项选择题

被称为继 IT 产业之后的全球"财富第五波"的产业是（　　）

　　A. 中医药产业　　　　B. 传统旅游产业　　　　C. 健康产业　　　　D. 食品产业

二、多项选择题

1. 中医药的资源优势体现在（　　）

　　A. 独特的卫生资源　　　　　　B. 潜力巨大的经济资源　　　　　　C. 优秀的文化资源

　　D. 重要的生态资源　　　　　　E. 原创优势的科技资源

2. 举办中医诊所需要准备提交的备案材料（　　）

　　A.《中医诊所备案信息表》　　　　　　　　B. 中医诊所管理规章制度

　　C. 消防应急预案　　　　　　　　　　　　D. 医师资格证书、执业资格证件

3. 互联网＋中医药产业创业以（　　）为支撑

　　A. 大数据　　　　B. 云计算　　　　C. 物联网　　　　D. 人工智能技术体系

4. 以下属于中医药文化内涵特点的是：（　　）

　　A. 广泛性　　　　B. 基础性　　　　C. 特殊性　　　　D. 时代性

三、简答题

简述互联网 + 中医药创业的创业机会在哪些方面。

（于　宝）

书网融合……

知识回顾

习题

第八章 中医药信息化创新创业

PPT

学习目标

知识要求：

1. 掌握中医药信息化创新创业方向。
2. 熟悉中医药信息化发展趋势。
3. 了解中医药信息化的概念和中医药信息化产生的背景。

能力要求：

学会通过分析中医药信息化创新创业方向探索中医药产业创新创业项目；通过中医药信息化产生背景建立专业自信和文化自信。

🍏 **思政课堂**

中医药已成为国际交流合作的特色名片

2019年5月，第72届世界卫生大会审议通过了《国际疾病分类第十一次修订本（ICD-11）》，首次将起源于中医药的传统医学纳入章节，这是中医药走向世界的里程碑。

《国际疾病分类》是世界卫生组织制定颁布的、国际统一的疾病分类标准，是各国政府在医疗、管理、教学和科研及制定的政策中关于疾病分类的规范性标准，也是全球卫生健康领域具有权威性的基础和通用标准之一。此次将传统医学正式纳入其中，是我国政府与中医专家历经十余年持续努力所取得的宝贵成果，为未来能够更好地促进中医药与世界各国医疗卫生体系融合发展，为世界各国认识中医药、了解中医药、使用中医药奠定了基础。

目前中医药已传播到183个国家和地区；中国已同外国政府、地区主管机构和国际组织签署了86个中医药合作协议；在"一带一路"沿线国家和地区开展了一批中医药海外中心建设；有30多个国家和地区开办了数百所中医药院校，培养本土化中医药人才。

第一节　中医药信息化产生、发展的背景和意义

中医药是我国人民在长期同疾病做斗争的过程中取得的经验总结，是中华民族的伟大创造，是中华文明的瑰宝，也是打开中华文明宝库的钥匙。中医药不仅为中华民族繁衍生息做出了巨大贡献，也为世界文明进步产生了积极影响。

2015年《政府工作报告》中提出制定"互联网+"行动计划，要求利用互联网技术、工具及应用将传统产业升级创造新的业态。2016年11月30日，国家中医药管理局发文《中医药信息化发展"十三五"规划》中，明确提出"中医药信息化是实现中医药振兴发展的重要引擎和技术支撑"。

中医药信息化是中医药学基于动态现象运动规律理论，在遵循整体准则和动态准则上，运用计算机与网络技术，研究中医药学领域信息现象和信息规律，对中医药信息进行表示、管理、分析、模拟和传播，以实现中医药信息的获取、转化与共享。全面提升中医药信息化水平，以信息化驱动中医药现代化，是适应国家信息化发展新形势的重要举措，是推进中医药振兴发展的内在要求，也是实现人人基本享有中医药服务的必然选择。随着党中央、国务院对推进中医药信息化建设、提高中医药信息化水平提出了明确要求，中医药信息化发展迎来了难得的机遇。中医药信息化将借助互联网的东风，让中医药行业更好地服务于人类健康。

一、中医药信息化产生的背景

（一）中医药发展上升为国家战略

中共十八大以来，党中央高度重视中医药事业，把发展中医药事业纳入了国家战略，作为"健康中国"建设的重要组成部分加以统筹推进。党中央、国务院出台多项重要文件，为中医药事业发展提供了政策保障。2016年全国人大通过了《中华人民共和国中医药法》，国务院出台了中医药事业发展的纲领性文件《中医药发展战略规划纲要（2016—2030年）》，建立了国务院中医药工作部际联席会议制度，向世界发布了《中国的中医药》白皮书。党和国家领导人也对中医药工作做出重要指示，明确指出要遵循中医药发展规律，传承精华，守正创新，加快推进中医药现代化、产业化，坚持中西医并重，推动中医和西医相互补充、协调发展，推动中医药事业和产业高质量发展，推动中医药走向世界，充分发挥中医药防病治病的独特优势和作用。为建设健康中国，实现中华民族伟大复兴的中国梦贡献力量。国务院组织有关部门开展了中医药工作实地调研，并按照党和国家领导人的系列重要指示，提出了传承发展中医药事业的具体意见。2021年3月，"十四五"规划和2035年远景目标纲要又指出，推动中医药传承创新，要坚持中西医并重和优势互补，大力发展中医药事业。2022年3月，《"十四五"中医药发展规划》中提出要推动中医药高质量发展和走向世界，为全面推进健康中国建设、更好保障人民健康提供有力支撑。

党中央、国务院对中医药的认识高度、关注深度、推进力度都是前所未有的，标志着、引领着、督导着中医药事业发展迈开新步伐，走上新征程，进入新时代。一系列政策措施为中医药发展标定方向设定目标、提供支持、增加投入，加大保障，在这些利好政策的推动下，中医药事业释放出了更大的潜力，激发出了更大的活力，取得了更好的成绩。

（二）中医药为全球抗击传染性疾病做出重要贡献

近几年，中医药深度介入，充分发挥辨证施治——预防治疗——康复一体化的独特优势，为传染性疾病防控、救治做出了重要贡献，为世界提供了"中国方案"，让世界重新认识了中医药。海外对中医药参与抗击传染性疾病的需求与关注也与日俱增。截至2022年4月中国已向150多个国家和地区介绍中医药诊疗方案，向十多个有需求的国家和地区提供中医药产品，选派中医专家赴29个国家和地区帮助指导治病救人。越来越多的国家认识到中医药的价值。世界卫生组织2022年4月发布的专家评估会报告明确肯定了中医药的安全性和有效性，有助于推动包括中医药在内的世界传统医学更深入地参与疾病防控，更好地保护世界各国人民健康。这是中医药在获得越来越广泛国际认可的一个缩影。传承数千年中国智慧、历久弥新的中医药，必将随着时间的推移，绽放出更璀璨的光辉，为中国人民乃至世界各国人民的健康福祉不断做出贡献。

二、中医药信息化发展的意义

（一）有利于中医药信息化成为发展共识

2016年2月《中医药发展战略规划纲要（2016—2030年）》提出，到2020年，实现人人基本享有中医药服务，中医药产业成为国民经济重要支柱之一；到2030年，中医药服务领域实现全覆盖，中医药健康服务能力显著增强，对经济社会发展做出巨大贡献。2016年6月《国务院办公厅关于促进和规范健康医疗大数据应用发展的指导意见》部署通过"互联网＋健康医疗"探索服务新模式、培育发展新业态，努力建设人民满意的医疗卫生事业，为打造健康中国提供有力支撑。2019年10月，《中共中央国务院关于促进中医药传承创新发展的意见》提出，要推进中医药健康服务与互联网融合发展，将中医药养生、保健、医疗、康复、健康养老、中医药文化、健康旅游等中医药健康服务与互联网的创新成果深度融合，实现个性化、便捷化、共享化、精准化、智能化的中医药健康服务，对推进中医药供给侧结构性改革，激发创新创业活力，推动中医药传承发展，建设健康中国具有重要意义。2022年3月29日，中共中央印发的《"十四五"中医药发展规划》中再次提出要"提升中医药信息化水平"。

（二）有利于加速推进中医药信息化产业发展

2015年5月，国务院办公厅印发的《中医药健康服务发展规划（2015—2020年）》指出，运用云计算、移动互联网、物联网等信息技术，开发智能化中医健康服务产品。首次从国家层面提出，运用互联网技术融合发展中医药。2020年7月，国家发展改革委等13个部门共同发布的《关于支持新业态新模式健康发展激活消费市场带动扩大就业的意见》指出，把支持线上线下融合的新业态新模式作为经济转型和促进改革创新的重要突破口，推动"互联网＋"和大数据、平台经济等迈向新阶段。积极探索线上服务新模式，激活消费新市场；积极发展互联网医疗；进一步加强智慧医院建设，推进线上预约检查检验；探索检查结果、线上处方信息等互认制度，探索建立健全患者主导的医疗数据共享方式和制度；将符合条件的"互联网＋"医疗服务费用纳入医保支付范围；规范推广慢性病互联网复诊、远程医疗、互联网健康咨询等模式；支持平台在就医、健康管理、养老养生等领域协同发展，培养健康的消费习惯。

（三）有利于优化中医医疗服务模式

完善以病人为中心的服务功能，优化服务流程和方式，总结推广中医综合诊疗模式、多专业一体化诊疗模式和集预防、治疗、康复于一体的全链条服务模式。推进智慧医疗、智慧服务、智慧管理"三位一体"的智慧中医医院建设。建设中医互联网医院，发展远程医疗和互联网诊疗。构建覆盖诊前、诊中、诊后的线上线下一体化中医医疗服务模式，让患者享有更加便捷、高效的中医药服务。

在全球数字化的大背景下，中医药信息化发展势在必行。十四五规划明确提出要将中医药信息化上升到国家发展战略层面，中医药信息化，成为传统中医药在新时期转型发展的共识。同时国家多项利好政策的推动、技术的深化发展、疫情影响等，都为传统中医药与数字融合发展提供了机遇与条件。构建区域中医药数字化生态闭环，实现中医药溯源化、加工机械与标准化、流通环节透明化、诊疗环节多样化、中医科普大众化及人才培养专业化，有助于改善、解决中医药当前面临的问题，全面提速发展。

"传承、创新、发展"中医药是新时代中国特色社会主义事业的重要内容，是中华民族伟大复兴的大事。坚持中西医并重、打造中医药和西医药相互补充、协调发展的中国特色卫生健康发展模式，发挥中医药原创优势，推动我国生命科学实现创新突破，对弘扬中华优秀传统文化、增强民族自信和文化自信，促进文明互鉴和民心相通，推动构建人类命运共同体具有重要意义。

🔖 知识拓展

国务院印发了《中医药发展战略规划纲要（2016—2030年）》

中医药作为我国独特的卫生资源、潜力巨大的经济资源、具有原创优势的科技资源、优秀的文化资源和重要的生态资源，在经济社会发展中发挥着重要作用。随着我国新型工业化、信息化、城镇化、农业现代化深入发展，人口老龄化进程加快，健康服务业蓬勃发展，人民群众对中医药服务的需求越来越旺盛，迫切需要继承、发展、利用好中医药，充分发挥中医药在深化医药卫生体制改革中的作用，造福人类健康。为明确未来十五年我国中医药发展方向和工作重点，促进中医药事业健康发展，制定本规划纲要。

2016年2月22日，国务院印发了《中医药发展战略规划纲要（2016—2030年）》。纲要中提到发展中医药健康旅游服务。推动中医药健康服务与旅游产业有机融合，发展以中医药文化传播和体验为主题，融中医疗养、康复、养生、文化传播、商务会展、中药材科考与旅游于一体的中医药健康旅游。

第二节　中医药信息化创新创业指导

中医药信息化是实现中医药振兴发展的重要引擎和技术支撑，也是体现中医药发展水平的重要标志。全面提升中医药信息化水平，以信息化驱动中医药现代化，是适应国家信息化发展新形势的重要举措，是推进中医药振兴发展的内在要求，也是实现人人基本享有中医药服务的必然选择。

一、中医药信息化的发展机遇

信息化时代的到来，国家启动实施全民健康保障信息化工程和基层医疗卫生机构中医诊疗区（中医馆）健康信息平台建设项目，初步建成国家和省级中医药数据中心，基本构建形成了国家、省两级中医药信息网络平台。"云中医""网络中医院""智慧中药房"等中医药信息新业态逐步兴起并得到推广，中医药教育信息化快速发展，中医药数字图书馆和数字博物馆不断增加，使得中医药知识传承与传播更加方便快捷。同时，由于中医药信息化起步较晚，中医药信息化基础设施总体薄弱，区域之间、中医药各个领域之间发展不平衡，与建设健康中国、实现中医药全面协调发展的目标相比还有较大差距。中医药信息共享和互联互通水平有待提升，中医药大数据建设和"互联网+"发展相对缓慢。

我国实施国家信息化发展战略，坚持走中国特色信息化发展道路，以信息化驱动现代化，建设网络强国，为中医药信息化全面发展指明了方向并提供了广阔的发展空间。中医药信息化既要解决面临的突出问题，又要积极应对信息化发展的新情况、新技术、新要求。随着云计算、大数据、物联网、移动互联网、社交网络等新技术广泛应用，信息技术对推动中医药传承创新和服务惠民的创新性影响日趋明显。党中央、国务院重视和支持中医药的发展，对推进中医药信息化建设、提高中医药信息化水平提出了明确要求。随着国家大力推进健康医疗大数据应用发展以及中医药信息网络平台建立并不断完善，为实现互联互通和信息共享打下坚实基础，中医药大数据建设开发和"互联网＋"发展前景广阔，中医药信息化在健康医疗和健康中国建设中将发挥出越来越重要的作用。

> **知识拓展**
>
> ### 中共中央 国务院关于促进中医药传承创新发展的意见
>
> 党和政府高度重视中医药工作，特别是党的十八大以来，更是把中医药工作摆在更加突出的位置，中医药改革发展取得显著成绩。同时也要看到，中西医并重方针仍需全面落实，遵循中医药规律的治理体系亟待健全，中医药发展基础和人才建设还比较薄弱，中药材质量良莠不齐，中医药传承不足、创新不够、作用发挥不充分，迫切需要深入实施中医药法，采取有效措施。为了解决以上问题，切实把中医药这一祖先留给我们的宝贵财富继承好、发展好、利用好，2019年10月20日，中共中央、国务院发布了《关于促进中医药传承创新发展的意见》。

二、中医药信息化发展的基本原则

（一）健康为本，便民惠民

以满足群众中医药健康服务需求为根本，着力发挥互联网融合中医药健康服务的技术优势和应用优势。整合存量、优化增量、提高质量，扩展中医药健康服务领域，提升服务能力和水平，提供安全、有效、便捷的中医药健康服务。

（二）融合发展，拓展服务

树立互联网思维，促进理念融合与技术融合相统一，聚焦中医药健康服务需求，推动中医药健康服务与互联网全面融合，积极发挥中医药专家作用，推进政产学研用协同创新，充分发挥平台综合优势，拓展服务范围，开发和丰富多层次多样化个性化的服务内容，开放服务资源。

（三）政府引导，市场驱动

发挥政府在制定规划、出台政策、引导投入、规范市场等方面的引导作用，发挥市场在资源配置中的决定性作用，积极营造平等参与、公平竞争的市场环境，激发大众创业、万众创新，不断增加中医药健康服务供给，提高服务质量和效率。

（四）鼓励创新，安全可控

注重管理创新、产品创新和品牌创新，培育发展新业态。加强信息标准和网络安全建设，增强信息安全意识，妥善处理应用发展与保障安全的关系，有效保护国家利益、公共安全、商业机密和个人隐私。

三、中医药信息化创新创业方向

（一）互联网＋中医医疗

优化中医医疗服务流程。以方便患者就医为根本，发挥优质医疗资源的引领作用，整合线上线下资源，建立更加规范、共享、安全的中医诊疗流程。鼓励利用互联网技术实施预约诊疗，提供分时段就诊、候诊提醒等多渠道的诊前服务，有效分流就诊患者。基于移动互联网、物联网开展健康咨询、药品配送等便捷服务。

创新中医医疗服务模式。依照国家有关法律法规，利用互联网、大数据等技术，规范开展互联网中医诊疗活动。支持基于标准协议的满足中医临床要求、数据互联互通、高度共享的区域中医诊疗中心信息化建设。鼓励医疗机构发挥原创思维，研发体现中医药特色的信息系统。支持互联网+辅助诊断、多种生物特征识别、中医专家系统等建设，开展互联网延伸医嘱等服务应用。探索和推广"智慧药房"建设，提供包括中药饮片、配方颗粒、中药煎煮、膏方制作、药品配送、用药咨询等药事服务。加快基层医疗卫生机构中医诊疗区（中医馆）健康信息平台建设，探索移动终端、智能终端的研发与应用。

推进中医远程医疗服务。引导和鼓励中医医院运用信息化、智能化技术装备，向下级医院、基层医疗卫生机构提供远程会诊、影像诊断、病理诊断、心电诊断、中医体质辨识、中医"四诊"、中医经络诊断、宏观微观舌相诊断、远程教育等服务，提高优质中医医疗资源可及性和服务整体效率。研究中医远程医疗服务模式、运营机制和管理机制，深化中医远程医疗业务应用，扩大中医远程医疗服务范围。

（二）互联网+中医养生保健

鼓励发展中医养生保健信息服务。鼓励中医养生保健机构构建中医养生保健信息服务平台，针对不同健康状态人群提供个性化的中医健康干预方案或指南（服务包）。鼓励应用"网上下单、实店消费"等O2O模式，研发中医养生保健服务应用程序。构建开发面向社区、居民的中医养生保健知识库、知识图谱，打造中医养生保健智慧云，提供融中医健康监测、咨询评估、养生调理、跟踪管理于一体的中医养生保健服务。积极利用新媒体技术，宣传中医养生保健服务的理念、方法与产品，主动推送中医养生保健知识。

推进中医特色健康管理智能化。打造中医健康云，构建开发具备中医健康体检、中医体质辨识、健康风险评估、健康干预、慢性病管理等功能的信息系统和移动终端，实现中医健康数据的采集、管理、应用和评估，建立个体中医健康档案。开展中医特色健康管理合作试点，制定信息共享和交换标准。发展第三方在线中医药健康市场调查、咨询评价、预防管理等应用服务。

加强中医特色康复信息服务。引导和鼓励社会资本进入中医康复服务领域，利用云计算、大数据、移动互联网等技术，提供康复评定、服务过程记录、效果分析、长期跟踪等中医特色康复信息服务。推动中医医疗机构建立康复数字化诊疗系统，提供中医特色康复医疗、训练指导、知识普及、康复护理等功能。推动中医医疗机构与社区康复机构的康复诊疗信息共享，提供远程康复诊疗、双向转诊、康复教育等服务。鼓励应用互联网、虚拟现实以及智能感知、模式识别、智能分析、智能控制等技术，研发具有中医特色的康复医疗服务信息系统和智能康复器械产品。

（三）互联网+中医药健康养老

加快推进健康养老信息服务。鼓励中医医疗机构与养老机构探索基于互联网的医养结合新模式，逐步丰富和完善服务内容及方式，延伸提供社区和居家中医药健康养老服务。鼓励社区养老服务信息平台与区域人口健康信息平台、中医药信息平台对接。鼓励养老机构应用基于物联网、移动互联网的便携式体检、紧急呼叫监控等设备，向老年人提供中医药养生保健、医疗、康复、护理的线上商务、线下实体服务，采集、存储和管理老年人体征和行为监测、健康档案、慢病管理、中医养生保健等数据，推动中医特色养老服务信息化发展。

促进智慧健康养老产业发展。积极利用互联网，发展中医药健康养老服务，开发和运用智能硬件，发展老年人电子商务，重点推进老年人健康管理、紧急救援等服务。设计开发适合老年人的智能化产品、健康监测可穿戴设备、健康养老移动应用软件等。加强中医药健康养老信息化服务成果转化及适宜技术市场推广。推进中医药健康养老大数据分析与处理，挖掘中医药健康养老服务领域的创新潜能，研发具有中医药特点的健康养老信息服务产品。

（四）互联网+中医药文化与健康旅游

发掘中医药文化资源。编制中医药文化数字资源总目录，建设中医药文化素材库和信息资源库。发展数字出版、互动新媒体、移动多媒体、动漫等新兴文化产业，引导开发一批适合移动新媒体传播的中医药文化精品佳作和科普作品，创作具有地方特色、民族特色的中医药文化数字产品。推动建设覆盖电视媒体、网络媒体、移动终端、平面媒体等的中医药文化传播平台和客户端。加强智慧型中医药博物馆、中医药健康文化体验场馆、文化宣传教育基地的数字化、智能化建设，创新交互体验应用。

打造智慧中医药健康旅游。利用中医药文化元素突出的中医医疗机构、中药企业、名胜古迹、博物馆、中华老字号名店、中药材种植基地、药用植物园等优势资源，搭建综合服务信息平台，开发线上线下融合发展的中医药观光旅游、中医药文化体验旅游、中医药特色医疗旅游、中医药疗养康复旅游等旅游项目和产品。利用虚拟现实、增强现实等技术，推广"网上虚拟感受、网下实体体验"的中医药健康旅游模式，实现线上线下即时互动，增强中医药健康旅游的科学性、娱乐性和趣味性。

岗位情景模拟 4

"正月茵陈二月蒿，三月四月当柴烧；端阳艾叶实在好，乌梅采青不采老；十冬腊月挖葛根，一条能剁几百斤……"这是千百年来流传在仲景故里河南南阳的《采药歌》。南阳地处河南西南部，处陕、鄂、豫三省交界之地。武当山、伏牛山、桐柏山，分别从三面拢来，将其围成一个南部开口的倒"U"形盆地——周围高，中间低，也是她成为"宛"的原因。南阳是医圣张仲景的故里，中医药文化积淀深厚。这里独特的地理、气候、土壤和生态环境孕育了丰富多彩的中药材植物资源。特别是以山茱萸、辛夷、桐桔梗、裕丹参、唐半夏、杜仲、唐栀子、天麻为代表的名优中药材，现在的种植规模、产量大多居于全国前列，品种质量堪称道地药材，在中药界被誉为"八大宛药"。

出生于南阳的徐同学，毕业于南阳医专中药学专业。为了更好地宣传中医药文化和南阳独特的"宛药"资源，他想为亲戚开的旅行社开发一个"宛药"观光旅游项目。

问题与思考

答案解析

请同学们评价一下徐同学的"宛药"观光旅游项目。

（五）互联网+中医药服务贸易

加强国际国内、线上线下交融互动，有序推进中医药服务贸易公共信息平台建设，采集中医药政策法规、人员资质、产品注册、市场准入、质量监管等信息，为中医药服务贸易提供技术、人才、市场、投资及政策等咨询。支持建立中医药服务贸易统计体系。充分利用互联网技术开展中医药远程教育、医疗保健和认证等服务。将中医药服务贸易与中医药文化传播相结合，支持翻译出版数字化中医古籍，支持开发一批适合移动新媒体传播的海外中医药文化创意作品，促进中医药文化的国际推广和普及。

中医药信息化发展要围绕健康中国建设，统筹推进中医药事业传承发展，以实现人人基本享有中医药服务为出发点和落脚点，充分发挥中医药特色优势，大力拓展中医药健康服务与互联网融合的广度和深度，着力创新中医药健康服务模式，释放发展潜力和活力，为人民群众提供全方位全周期健康服务。中医药健康服务与互联网融合发展是将中医药养生、保健、医疗、康复、健康养老、中医药文化、健康旅游等中医药健康服务与互联网的创新成果深度融合，实现个性化、便捷化、共享化、精准化、智能化的中医药健康服务，对推进中医药供给侧结构性改革，激发创业创新活力，推动中医药传承发展，建设健康中国具有重要意义。随着数字化推进，中医药互联网产业链正在逐步形成，从诊前防未病，到诊中治疗，从诊后康复到回访服务，从院内到院外，为用户提供贯穿生命全周期、覆盖健康全场景的中医药产品及服务，传统中医药正在焕发新活力。

四、中医药信息化发展趋势

（一）利用互联网+技术挖掘中医药数据

中医文献和病案是中医学术思想和临证经验的重要载体，归纳和整理是中医临床经验传承的重要方法。在互联网+时代，通过数据挖掘技术，让学生深度学习海量的中医文献和案例以深化、拓展临床思维并开阔视野；在复杂症状中提取、归纳中医证型，分析症状、方药、证型之间潜在的关联规则；在方药中挖掘发现药物配伍规律及潜在药物、核心药物、核心处方等，总结名老中医经验，辅助临床诊疗工作。通过智能算法进行自我学习，模拟中医思维方法和处方生成过程，创新中医理论，推动中医理论规范化和客观化研究，为中医诊疗提供智能信息支持，建立中医临床病症诊疗决策支持系统。

（二）利用互联网+技术辅助鉴别中药

中药材是中药质量的关键，也是中医药发展的基石。但中药材的质量受种源、环境、技术、管理、采收、加工、仓储、运输等多方面因素影响，质量参差不齐。利用互联网+技术鉴别中药材，取代之前仅依靠眼看、手摸、鼻闻、口尝等方法来鉴别中药材的局面，根据中药材的样本进行大数据的识别分析，内容涵盖真伪辨识、产地溯源、品质预测等，大大缩短了中药材的鉴别时间，从而规范中药生产，提升中药质量，推动中药产业的发展。

（三）利用互联网+技术辅助中医诊断

互联网+技术的发展为中医诊断手段带来新的契机，随着中医传统诊断方法现代化研究的深入，脉诊仪、舌诊仪、色诊仪、闻诊仪、经络仪等已成为新兴的现代中医诊断仪器。互联网+具有独立自主的诊疗能力，通过大数据学习可达到与中医专家高度匹配的诊疗结果，以现代中医诊断技术及其数据为支撑，基于案例推理模型，利用人体信息采集设备，应用互联网+技术模拟中医诊断过程，为医生提供诊疗所需的知识、经验、方法等启发医生思维，辅助医生诊断，实现中医诊断技术的信息化、数字化、标准化。同时，突破了中医诊断方法主观性强、缺乏客观数据的瓶颈，为互联网+技术的应用奠定了坚实的数据基础。

（四）利用互联网+技术辅助中医药健康管理

随着人口老龄化增加，医疗费用支出已成为国家和家庭愈加沉重的负担，中医治未病是中医药学的重要组成部分，以"治未病"为核心理念指导下的养生理论和技术方法，在保障中华民族身心健康中发挥着独特作用。基于互联网+技术建立中医药健康管理云平台，实现高效的人机对话并对相关信息的处理分析，根据个人不同的体质状况提出针对性的健康处方，对不同体质个体进行个性化的调理改善，达到精准化个体医疗保健，同时加强跟踪随访、收集健康大数据，根据个体的体质及相关危险因素建立疾病预测模型，调节个人整体机能，达到"未病先防、既病防变、愈后防复"目的。

（五）利用互联网+技术辅助中医药教育

将互联网+应用于中医药的学校教育以及毕业后教育和培训中，优化传统的中医药教育教学过程，能有效地提高教育教学效果、效率及效益。利用互联网+技术开发虚拟网络学习平台，承担中医药教师部分任务，使其有更多的精力投入到创新性和启发性的教学活动中，为每个学生制定精细化、个性化的教育方案。对学生而言，互联网+技术可增强虚拟现实，以更自然的方式响应学生的学习行为要求，使学生获得最适合其需求的学习资源，激发学生学习潜能，培养学生临床思维，提高学习的主动性和自觉性。

实训实练四　中医药观光健康旅游项目

请同学们6~8人一组，结合当地中医药文化资源优势开发线上线下相融合的中医药观光旅游、中医药文化体验旅游、中医药特色医疗旅游、中医药疗养康复旅游等旅游项目和产品。

【实训目的】
通过中医药观光健康旅游创业计划书的编写，了解创业相关知识和能力。

【实训方式】
结合当地中医药文化资源优势开，发线上线下相融合。

【实训步骤】
1. **前期准备**　将班级同学随机分成若干小组，每组6~8名同学。
2. **具体要求**　项目计划书内容有逻辑性，条理清晰、重点突出、力求简洁，相关数据科学、真实、准确。
3. **成果展示**　线上线下相融合，旅游项目和产品。

【实训作业】
开发中医药观光旅游、中医药文化体验旅游、中医药特色医疗旅游、中医药疗养康复旅游等旅游项目和产品。

目标检测

答案解析

一、多项选择题

1. 中医药信息化产生的背景（　　）
   A. 中医药发展上升为国家战略
   B. "十四五"中医药发展规划要求的
   C. 《中华人民共和国中医药法》颁布
   D. 在全球抗击传染性疾病中，中医药做出重要贡献

2. 中医药信息化发展的意义（　　）
   A. 有利于中医药信息化成为发展共识
   B. 有利于加速推进中医药信息化产业发展

C. 有利于优化中医医疗服务模式　　　　　D. 有利于中医药守正创新

3. 中医药信息化发展的基本原则（　　）

A. 健康为本，便民惠民　　　　　　　　　B. 融合发展，拓展服务

C. 政府引导，市场驱动　　　　　　　　　D. 鼓励创新，安全可控

4. 中医药信息化创新创业方向有（　　）

A. 互联网＋中医医疗　　　　　　　　　　B. 互联网＋中医养生保健

C. 互联网＋中医药健康养老　　　　　　　D. 互联网＋中医药文化与健康旅游

5. 互联网＋中医药文化与健康旅游包括（　　）

A. 发掘中医药文化资源　　　　　　　　　B. 打造智慧中医药健康旅游

C. 促进智慧健康养老发展　　　　　　　　D. 实现线上线下即时互动

二、简答题

简述中医药信息化。

（袁　欣）

书网融合……

知识回顾

习题

学习目标

知识要求：

1. 掌握中医药健康产业创新创业的方法。
2. 熟悉中医药健康产业产生背景和创新创业路径。
3. 了解中医药健康旅游和中医药健康养老服务的概念。

能力要求：

1. 能够说出中医药健康旅游和中医药健康养老服务的概念。
2. 学会通过分析产业产生背景判断中医药健康产业创新创业路径。
3. 熟练掌握中医药健康产业创新创业的方法。

第一节　中医药健康产业创新创业现状分析

一、中医药健康产业产生背景

（一）内因——人口老龄化和重大疾病

目前，我国老龄化问题较为严重，预计到2030年老龄人口将超过3亿，我国将迎来老龄化高峰期，届时，中国将成为世界上老龄化程度最高的国家之一。近些年，我国一些重大疾病的发病率和死亡率居高不下，而且有逐年扩大和上升的趋势。人口老龄化速度快、重大疾病发病率高、生活压力增大等诸多因素是推动中医健康产业发展的内在因素。因此，大力发展中医药健康产业，不仅能够提高人们身体素质和生活质量，而且还可以让庞大的老龄人口转变为拉动经济发展的潜在力量。

（二）外因——市场需求和政策扶持

《"健康中国2030"规划纲要》首次从国家层面提出了我国中长期健康发展战略，强调要把人民健康放在优先发展的战略位置，树立"以促进健康为中心"的"健康观"。随着健康中国建设和全面建成小康社会进程的不断推进，人民群众对自身健康的需求和保持健康的愿望越来越强烈，为健康服务业快速发展创造了巨大市场。中医药健康产业将成为社会经济可持续发展的动力。

（三）方向——国家发展战略为中医药健康产业发展指明了方向

中医药学凝聚着深邃的哲学智慧和中华民族几千年的健康养生理念，是中国的瑰宝，也是打开中华文明宝库的钥匙。中医药产业的创新发展对于丰富世界医学事业，推进人体生命科学研究具有重要意义。党和国家领导人对中医药事业发展寄予了深切的希望，给中医药产业发展指明了方向和道路，应将重点放在：中医药健康服务、中医药康复理疗、中医药健康养老、中医药养生保健、中医药文化旅游等方面。

二、健康产业现状与趋势

（一）健康产业现状

简而言之，健康产业，简单来说就是围绕人的生命实施全程、全面、全方位地呵护，不仅要追求个人的身体健康，还要追求个人的心理健康。我国卫生服务业主要有五大基础产业集群：一是以医疗服务机构为主体的医疗产业；二是以药品、医疗器械、医用耗材产销为主体的医药产业；三是以保健食品和保健品产销为主体的保健品产业；四是以健康检测评估、咨询服务、调理康复、保障推广为主体的健康管理服务业；第五，医疗和养老行业。

目前，健康产业已成为未来发展潜力最大的产业，预估会形成超过十万亿的巨大市场。健康服务业成为关系到国计民生、未来社会整体幸福指数的重大事业。由于社会结构变化带来的需求不断增长，中国与全球的大健康产业发展情况基本一致，近五年中国的大健康产业整体保持增长。2018年原国家卫生和计划生育委员会取消，组建国家卫生健康委员会，把以治病为中心转变为以人民健康为中心，"大健康"已上升为国家级战略。《"健康中国2030"规划纲要》《国民营养计划（2017–2030）》《国家人口发展规划（2016–2030）》《中国防治慢性病中长期规划（2017–2025年）》等有利于健康产业发展的国家政策也相继发布。在众多利好因素的推动下，虽然我国大健康产业发展仍处于初级阶段，但市场潜力巨大，我国健康产业将迎来发展高潮。

（二）健康产业发展趋势

近些年，随着人们对生活质量的要求日益提高，消费结构升级不断加快，健康产业迎来了前所未有的机遇和广阔的发展前景，呈现出一些新的趋势。

1. **利好政策仍将持续出台**　《"健康中国2030"规划纲要》发布之后，国家针对健康产业等相关领域给予具体措施和指导意见，又陆续出台了十几项相关政策文件：《关于中央财政支持开展居家和社区养老服务改革试点工作的通知》《关于开展健康城市健康村镇建设的指导意见》《关于加快发展健身休闲产业的指导意见》《关于推进医疗卫生与养老服务相结合的指导意见》《关于全面放开养老服务市场提升养老服务质量的若干意见》《促进民间投资健康发展若干政策措施》《关于促进和规范健康医疗大数据应用发展的指导意见》。

目前，我国健康产业占GDP的比重不足5%，而发达国家占GDP的比重超过10%。在产业结构调整成为主流趋势的情况下，从发达国家经验来看，有利于健康产业发展的好政策可能仍将会持续出台。

2. **不少企业跨界健康产业**　健康产业巨大的市场吸引了众多非相关大型企业，众多互联网企业纷纷涉足健康产业，一方面构建起"互联网+慢性病"管理模式闭环，将医生平台、智能终端、金融医保以及健康大数据连接起来，另一方面打造"预防检测+治疗+康复管理"的服务闭环，对线下诊所进行布局。这些企业跨界健康产业的动作预示着大健康产业的发展潜力，也将引领更多企业关注和跨界大健康产业。

3. **中医药占比逐步扩大**　中医药是在生活实践中逐步形成并不断丰富发展的医学科学，在其发展历程中不断兼容并蓄、创新开放，形成了独特的疾病观、生命观、健康观、防治观。2016年《中国的中医药》白皮书中指出，我国高度重视中医药事业发展，随着人们健康观念变化和医学模式转变，中医药越来越显示出独特价值，健康产业中中医药份额逐步扩大。中共中央、国务院印发《"健康中国2030"规划纲要》，作为今后15年推进健康中国建设的行动纲领，提出了一系列振兴中医药发展、服务健康中国建设的任务和举措，同时印发《中医药发展战略规划纲要（2016—2030年）》，把中医药发展上升为国家战略，对新时期推进中医药事业发展做出系统部署，到2030年，中医药服务领域实现全覆盖，中医药健康服务能力显著增强，对经济社会发展做出更大贡献。

中央和地方也陆续出台多项配套政策，促进中医药发展现代化与标准化，提升中医药服务能力，助推健康中国建设。如国家药品监督管理局发布《中药药源性肝损伤临床评价技术指导原则》《古代经典名方中药复方制剂简化注册审批管理规定》《省级中药饮片炮制规范修订的技术指导原则》等。

三、中医药健康产业创新创业路径分析

（一）打造健康特色产业，发挥中医药独特优势

《"健康中国2030"规划纲要》明确了中医药发展的重点和任务，在具体内容中专门设立了"发挥中医药独特优势"篇章，提出了中医药健康产业，指出要充分利用中医药"五大"资源优势，打造出一批独具特色的中医药健康产业，并将其融入健康中国建设，努力发展成为示范产业。中医药健康产业是根据人们日益提高的健康要求和新时代经济发展的需要而提出的一种全新理念，它不仅倡导科学健康的生活，人们的生理、心理、精神等方面的健康，还倡导合理的健康管理和正确的消费观念等。因此大力发展中医药健康产业，要做到"守正创新"，发挥中医药独特优势，从单一治疗模式向"防－治－调－养－保"多样化模式转变。随着有利于彰显中医药特色优势的政策机制不断建立完善，中医药在治未病、重大疾病治疗、疾病康复中的重要作用将进一步得到发挥。

（二）以"守正创新"为重点构建中医药健康产业体系

当前，现代互联网技术与传统中医药理论知识的融合运用，让中医药健康产业得到了创新性发展，中医药健康产业也迎来了前所未有的好时机。我们要在新时代立足新发展阶段，构建新发展格局，贯彻新发展理念，贯彻落实党和国家的决策部署，以服务人民健康为中心，以传承精华、守正创新为主线，以深化改革、完善制度为动力，坚持发挥中医药特色优势和多元价值作用，坚持突出中医药医疗服务核心价值，构建以"守正创新"为重点的中医药健康体系。一方面加强互联网、云计算、大数据等信息技术在中医药健康产业的各个环节的运用，由封闭式向开放式转变，将粗放式的中医医疗服务向精细化的中医医疗服务转变，另一方面在医保政策、价格机制、投入保障等相关改革中加强使用中医药服务，逐步健全适合中医药发展中的法规、举措及体系，通过改革推动中医药健康产业特色发展、内涵发展。

（三）积极对外传播，扩大国际影响力

中医药越来越被世人的关注，无论是屠呦呦获诺贝尔奖，还是里约奥运会的"中国印"，都证明了世人对中医健康产业的期待和认同。新媒体时代的到来，尤其是5G和人工智能时代的到来，为中医药国际传播开辟了新的传播渠道和更多的可能性。当前，积极对外传播中医药健康产业是时代需求，中医药产业正处于大力拓展海外市场的黄金时机，中医药术语有其专业性，因此在对外传播中医药产品和中医药技术的同时，需要对中医药术语精确翻译，以便进行国际交流，这样才能更好地提升中医药文化的知晓度。与此同时，在"一带一路"发展战略中促进中医药国际化，更要求我们积极转变发展思路，努力创建若干个综合实力强的中医药服务贸易示范区，支持品质过硬、优势明显的中医药健康实体"走出去"拓展海外市场，从而增加我国中医药健康产业在国际上的市场份额。

第二节 中医药健康旅游与养老服务创新创业

🌀 **知识拓展**

国家旅游局 国家中医药管理局关于促进中医药健康旅游发展的指导意见

2015年国家旅游局和国家中医药管理局联合下发了《关于促进中医药健康旅游发展的指导意见》，文中第一次正式提出了"中医药健康旅游"，同时也明确指出发展目标：到2025年，中医药健康旅游人数达到旅游总人数的5%，中医药健康旅游收入达5000亿元。

指导意见明确指出，要在旅游业中积极开展中医药健康旅游服务，推动中医药健康服务与旅游产业有机融合，支持发展以中医药文化传播和体验为主题，融中医疗养、康复、养生、文化传播、商务会展、中药材科考与旅游于一体的中医药健康旅游。

一、中医药健康旅游创新创业指导

（一）中医药健康旅游的概念

中医药健康旅游是近些年发展较为迅速、深受人们欢迎的一种新兴产业。中医药健康旅游是以底蕴深厚且独具特色的中医药资源为载体，以传承和创新中医药文化为目标，同时与旅游产业和健康服务产业不断融合的新产业，是中医药产业、旅游产业以及健康服务业三者的扩展和延伸，是集文化文娱、旅游度假、科普教育、休闲购物、养生保健、疗养康复等一体的新兴产业。

国家从2014年以来陆续出台了一系列支持中医药健康旅游发展的政策和规划。一方面在中医药发展、旅游业发展、健康旅游、中医药健康服务等领域的专项文件中布局中医药健康旅游发展目标和重点任务；另一方面专项出台中医药健康旅游发展指导意见、中医药健康旅游示范区创建工作方案等文件，推动"中医药+旅游"融合发展，不断提升中医药健康旅游影响力和辐射力。

在"一带一路"发展倡议中，中医药旅游业也必将成为中医药文化国际交流的重要途径。中医药旅游应主动以中医药文化为依托，结合中医药特有的养生保健理念，构建以追求健康为核心，集旅游、养生、保健、康复、疗养于一体的新型旅游模式。结合健康产业的特点，大力挖掘中医药特色旅游项目，如美容、药膳、刮痧、理疗等方式，这样不仅提高了中医药旅游的体验性和趣味性，而且也增强了人们对中医药旅游的兴趣。通过增加中医药文化特色项目，让国际游客在亲身体验中感受中医药文化精粹，不断增强国际游客对中医药文化旅游的兴趣。

（二）中医药健康旅游的创业方向

在我国旅游业，中医药健康旅游目前处于起步阶段。与此同时，我国幅员辽阔，物种繁多，资源丰富，为中医药健康旅游业的发展提供了无限的潜力。关于具体的中药健康旅游可以有以下一些独具特色的旅游形式。

1. **中医药观光旅游** 中医药观光旅游可分为中医药自然景观观光和中医药人文景观观光。中医药自然景观观光主要包括中医药材种植基地观光、中医药材植物园观光游览等。中医药人文景观观光主要有中医药博物馆观光，如陕西咸阳建立了全国第一所中医药科技博物馆，依托温泉发展足疗、中医保健养生产品；有中医名医故居观光，如安徽亳州华祖庵；有中医药产品生产基地、农业科技园区观光等。观光是旅游过程中一个重要环节，游客通过在中医药自然和人文景观的观赏体验中更加深入了解中医药产品和服务，亲身感受中医药文化的博大精深。

2. **中医药体验旅游**　只有观光和购物环节已经远远不能满足游客的旅游需求，体验可以说是旅游过程中最重要的环节，游客需要更多的中医药体验产品。如在进行创业中，可以安排游客体验中医药药膳，让游客亲口品尝健康中药材食品；再根据游客的不同个人情况先安排相应的中医诊断，针对游客存在不同的健康问题，再安排药浴、中药熏蒸、针灸、按摩及推拿等中医治疗项目，也可以指导游客亲身体验根据中医理论开创的养生体操如八段锦、太极拳、五禽戏等，总之要让游客在轻松愉悦的休闲环境中，体验中医药产品的神奇疗效，满足游客养生保健的需求。

3. **中医药购物旅游**　由于各地区地理环境、自然条件的差异，中药材资源种类丰富，各具特色。根据不同地区中医药旅游资源、文化历史特色，可以开发出各地不同的中药养生纪念品、保健品、工艺品等。如一些医药有限公司就推出了养生花果茶系列、养生足浴料系列、养生调味料等系列产品。游客购买这些产品等既可以用于自己与家人的养生保健，又可以作为送礼佳品，不仅促进中医药保健产品销售，而且能够大大促进中医药文化的传播。

4. **中医药科普教育旅游**　中医药文化历史悠久，博大精深，创业者可以依据本地独特的中医药产品及中医药文化特色，邀请知名的中医药专家开展中医知识讲座、诊病活动，举办形式多样的中医药学术研讨会、中医药技术交流、中医药博览会活动，激发游客对于中医药养生保健知识的求知欲望。通过中医药科普教育旅游，使更多的游客加深对中医药文化和知识的认识，从而推动中医药文化的广泛传播和中医药健康旅游快速发展。

5. **中医药医疗旅游**　医疗旅游是以医疗护理、疾病与健康、康复休养为主题的旅游服务。游客可以根据自身状况或者听从医师的建议，选择合适的医疗旅游目的地，在旅游的同时达到康复、疗养的目的。我国中医医疗旅游目前还处于起步阶段，目前国内较为出名的医疗旅游是三亚的"中医疗养游"，三亚不仅拥有独特的热带海滨气候还有中医医疗保健技术，发展至今已受到国内外游客的推崇。创业者可以根据当地独特的中医医疗资源，结合当地自然资源、气候资源，开发适合当地发展的中医药医疗旅游。

总之，中医药健康旅游的形式丰富多样，但是都需要根据目的地中医药健康资源的特色，结合旅游的吃、住、行、游、购、娱六要素，充分挖掘独具特色的健康旅游项目，为游客提供更多的安全、专业、有效的产品和服务。

岗位情景模拟 5

SWOT分析法又称为态势分析法，是一种能够较客观而准确地分析和研究现实情况、分清利弊的方法。SWOT是 Strength（优势）、Weakness（劣势）、Opportunity（机遇）、Threat（威胁）的缩写。其中S和W主要用来分析内部的自身条件，O和T主要用来分析外部环境条件。SWOT分析要求正确识别出优势、劣势、机会与威胁因素，通过调查列举出来，然后运用系统分析的方法，把各种因素有机结合加以分析，从中得出一系列相应的结论。

问题与思考

利用SWOT分析法，选择一个地区，通过查阅大量资料，对当地的中医药健康旅游创业做SWOT分析，并给出相应策略与应对方法。

答案解析

二、中医药健康养老服务创新创业指导

（一）中医药健康养老服务的概念

在《中医药战略发展规划纲要》和《中医药健康服务发展规划》中，都提出了要积极发展中医药健康养老服务，促进中医药与养老服务融合。可见，中医药健康养老服务、医养结合受到国家和政府高度重视。

2013年，国务院在《关于加快发展养老服务业的若干意见》中正式提出"医养结合"概念。"中医医养结合"是指将中医医疗资源与社会养老资源相结合，实现社会资源最大化利用。"中医医养结合"将为老年人提供健康医疗服务放在首要位置，利用"中医医养一体化"模式，将养老机构和医院的功能相结合，集医疗、康复、养生、养老等为一体，把生活照料和康复关怀融为一体。"医"包括中医医疗康复保健服务，如中医健康咨询服务、健康检查服务、中医护理服务、中医医疗服务和临终关怀服务等；"养"包括的生活照护服务、精神心理服务等。为了更好地推行医养结合，2019年12月，国家卫生健康委、民政部、国家中医药管理局近日联合印发《医养结合机构服务指南（试行）》，明确了医养结合机构的基本要求、服务内容、服务流程，旨在提高服务质量，规范服务内容。《指南》要求，医养结合机构应当具备医疗机构执业许可或在卫生健康行政部门（含中医药主管部门）进行备案，并在民政部门进行养老机构登记备案。

中医药健康养老服务是中国医学和文化的瑰宝，也是健康中国建设中独具特色的宝贵财富。是以中医药理论为指导，综合运用中医药知识、方法和技术手段，包含中医预防保健服务、中医中药医疗、中医健康养生服务等支撑产业，实现满足老年人健康需求，提升全民族整体健康水平的目的。中医药健康养老在中医理论指导下，利用药物和非药物手段，调节老年人群体机能，使老年人群获得健康或预防疾病的一种方法。中医药服务在健康养老方面有"医""养""防"三个方面独特优势。

1. **中医药服务在养老中"医"的优势**　许多老年人患有不同程度的慢性病或疑难杂症。老年人长期的慢性病病程、多器官损害和顽固性慢性病决定了老年人在患病后需要终生服药，而绝大多数老年人由于年龄因素，功能下降，药物吸收不良。个体化诊疗方案是中医治疗的优势和特点，即中医辨证论治的理念。中医采用"望、闻、问、切"四种诊断方法，收集老年人体外信息，综合分析判断人体整体状态，根据个体健康状况和生命信息掌握疾病的动态变化，确定相应的个体化治疗原则和方法，可以更好地逆转疾病，控制疾病，缩短病程。以著名的太极拳为例，《英国运动医学杂志》发表的一项回顾性研究表明，太极拳可用于治疗癌症、骨关节炎、心力衰竭和慢性阻塞性肺疾病等四种慢性病，未来可能被用作"处方药"。

2. **中医药服务在养老中"养"的优势**　从中年人到老年人，身体的各种功能开始自然衰退，接着是疾病和残疾。老年人在医疗保健方面的需求急剧增加。养生是中医的独特优势。早在《黄帝内经》中，就对衰老的原因、表现、规律和养生理论体系进行了详细的阐述。经过几千年的继承和发展，逐渐形成了较为完善的中医理论体系和系统的养生方法。如：天人合一、顺应自然、动静结合、形神合一、养正气、避邪气、三因调剂、判断修炼、悦情悦性等养生原则，调节情绪和意志；四季养生、五脏养生、饮食养生、运动养生、药物养生、针灸按摩养生等养生方法涉及体育锻炼、饮食与日常生活、情绪调节等多个方面。在提高老年人生活质量、延缓衰老、延长寿命方面发挥着不可替代的作用。此外，中医药在治疗老年慢性病方面具有独特的优势。因此，医疗护理与老年护理的结合势在必行。

3. **中医药服务在养老中"防"的优势**　随着城市化进程的加快，环境污染日益严重，慢性病已成为人类健康的杀手。中医具有"未病先防、已病防变、病愈防复"的优点。"先预防后疾病"为老年人

提供了疾病预防的概念和方法。"防病治变"指导老年人如何在疾病发生阶段有效控制疾病，将疾病消灭在萌芽状态。"康复后预防"指导老年人如何调整身体，防止疾病治愈后复发。老年人疾病种类多，病情复杂，患病率高，对老年人健康的老年生活有很大影响。大量研究表明，中药通过口服熏蒸、外用药膳、软膏等药物疗法，调节经络血气，增强老年人体质，显著改善老年人的体质，与饮食、运动、针灸和其他非药物疗法一样，它在预防老年疾病方面发挥着重要作用。

> **知识拓展**
>
> **国家中医药局发布关于促进中医药健康养老服务发展的实施意见**
>
> 　　为贯彻落实《国务院关于印发中医药发展战略规划纲要（2016—2030年）的通知》（国发〔2016〕15号）、《国务院关于加快促进健康服务业发展的若干意见》（国发〔2013〕40号）、《国务院关于加快发展养老服务业的若干意见》（国发〔2013〕35号）和《国务院办公厅关于全面放开养老服务市场提升养老服务质量的若干意见》（国办发〔2016〕91号）、《国务院办公厅转发卫生计生委等部门关于推进医疗卫生与养老服务相结合指导意见的通知》（国办发〔2015〕84号）等文件要求，促进中医药健康养老服务发展，2017年3月，国家中医药管理局、全国老龄办、国家发展改革委等12个部门共同发布《关于促进中医药健康养老服务发展的实施意见》。

（二）中医药健康养老服务的创业方向

　　在我国老龄化问题日益严重的背景下，医疗资源与养老资源有机结合的新型养老模式已成为我国应对养老问题的重要选择。早在2011年，中国就建立了"9703养老模式"，形成了以居家养老为基础、社区支持、机构支持的养老服务体系。按照居家养老、社区养老和机构养老的方式，中国积极探索中医药与健康养老一体化发展模式。以下介绍中医药与健康养老服务相结合的几种模式。

　　1. 中医医疗机构与养老院合作服务模式　　目前，中国的平均预期寿命为76.43岁，这是健康的预期寿命为68岁，每个老年人至少有8年患病。疗养院是在养老机构内设立的医疗机构，为养老机构内的患者提供养老、常见病、多发病的诊断、治疗和护理、慢性病的明确诊断治疗、急救等服务。充分发挥中医药特色，将医疗保健与养老机构相结合，已成为中医医疗机构发展的必然趋势。一是中医医疗机构设立养老康复机构。中医医疗机构利用中医药和中医护理技术，为老年人提供完善、有效、高质量的康复医疗和养老中心。中医老年护理康复中心以医养结合为指导思想，为自理、半自理、全照顾的老年人设立了养老区、护理区和老年休闲娱乐区。养老康复机构配备专职医生、中医师、护士、康复员和营养师，为每位老年人提供健康评估，并提供个性化的治疗、康复、护理，心理咨询等服务满足不同需求，使每位老年人都能有安全感、医学感、行动感和幸福感。二是在养老机构开展中医综合卫生服务管理。养老机构与中医院合作，充分利用中医院优质的医疗护理资源，让生活在养老机构的老年人享受医疗，专业的康复护理和保健服务，以及中医医院的全方位老年护理和维护。中医医院和附近的护理机构构成了一个医疗和护理生态系统。中医医院将中医康复、保健和"防病"的理念融入健康养老的全过程，提高老年人的身心健康和生活质量。中医药医疗机构开展技术合作，指导养老机构中医药预防保健工作，通过建立中医药"防治"中心和基层中医服务指导部门。养老机构利用中医特色"治病"，制定老年中医保健计划，举办多种形式的中医保健知识讲座，向老年人宣传中医预防保健知识，提高老年人自理能力。

2. 中医养生社区养老服务模式　社区养老是机构养老和家庭养老的最佳结合，中医养老社区作为一种新型的养老模式，引起了人们的广泛关注。中医健康社区吸收了社区和家庭养老的可操作性，增加了中医的特色。以家庭养老为主，社区机构养老为辅，为居家老人提供上门服务和养老院服务。在中医养生社区养老模式下，为了满足老年人的心理需求，老年人生活活动的主要场所是老年人熟悉的社会环境，在提供养老服务方面具有自然地理和亲缘优势。与原有的社区养老模式相比，中医的社区养老模式可以提供具有中医特色的生活照料、亲属的精神慰藉、健康心理咨询、文化娱乐活动和中医医疗服务。老年人可以选择由子女和亲属直接照顾，或雇佣家政人员照顾他们，或选择社区养老服务，在他们熟悉的家庭环境和社区环境中获得高质量和快速的护理。老年人不仅可以安享晚年，还可以利用社区资源促进家庭和谐和社区建设。

3. 居家中医药健康养老服务模式　充分发挥中医药特色，建立家庭病房，开展家访、上门护理、疾病预防、接触住院、输液换药、针灸按摩、保健咨询等服务。社区中医从老年患者的角度，根据老年人的身体需求，建立健康档案，评估老年人的相关功能，根据老年人的实际情况选择康复方法，制定养老计划；与患者及其家属讨论治疗方案，采用中医体质检测、调光、音乐疗法、运动疗法、按摩、针灸、药膳、药酒、药茶等反映中医特色的方法，从而达到康复、保健、疗养、养老的目的。

🖊 知识拓展

国家中医药管理局关于推进中医药健康服务与互联网融合发展的指导意见

中医药健康服务与互联网融合发展是将中医药养生、保健、医疗、康复、健康养老、中医药文化、健康旅游等中医药健康服务与互联网的创新成果深度融合，实现个性化、便捷化、共享化、精准化、智能化的中医药健康服务，对推进中医药供给侧结构性改革，激发创业创新活力，推动中医药传承发展，建设健康中国具有重要意义。

● 实训实练五　中医药健康旅游创新创业计划书

【实训目的】

通过中医药健康旅游创业计划书的编写，模拟了解创业相关知识和能力，为创新创业准备。

【实训方式】

每7~8人为一组，人数少的班级，每5~6人为一组。

【实训步骤】

1. 前期准备

（1）将班级同学随机分成若干小组

（2）各组通过沟通、演讲、竞选等方式推选临时领导者1名。

2. 具体要求　内容应条理清晰、重点突出、简明，相关数据科学、真实、准确。编写提纲。创业计划书正文包括项目概述等10项内容。可根据项目特点，对以下内容合理组合、自由发挥。

（1）项目概述　包括对所提供的产品、技术、概念产品或服务的介绍，市场状况，竞争分析，商业模式，盈利预测，对企业的展望等。

（2）项目背景　描述产业背景、市场状况、竞争环境等；准确定义所提供的产品、技术、概念产品或服务，针对解决的问题，如何满足市场需求，已经获得的阶段性成果等；指出本项目所具有的独创性、领先性；实现产业化的途径等；可提供的相关专利权、著作权、政府批文或其他鉴定材料。

（3）市场调查及竞争分析 在科学、严密、深入的市场调查基础上，分析面对的市场现状，提出目标市场，市场容量估算，预计市场份额和销售份额，客观、全面、合理的分析竞争对手、阐释产品具有的优势和劣势。提供的数据要真实有效，分析方法要科学合理。

（4）发展战略 阐释商业模式、发展战略等。结合竞争优势分阶段制定发展计划与目标；说明项目研发方向和产品线扩张策略，主要的合作伙伴与竞争对手。

（5）营销策略 根据本项目的特点，制定合适的市场营销策略。包括定义产品、技术、概念产品或服务，制定恰当的价格策略，构建合理的营销渠道，提出有吸引力的推广策略等，确保顺利进入市场，并保持和提高市场占有率。

（6）经营管理 介绍生产工艺或服务流程，原材料的供应情况，设备购置和改建，人员配备，生产周期，产品或服务质量控制与管理等。

（7）管理团队 介绍管理团队各成员与管理公司有关的教育和工作背景、明确成员的分工和互补，公司的组织架构以及领导层成员，创业顾问以及主要的投资人和持股情况。

（8）融资与资金运营计划 包括股本结构和规模、融资计划、资金运营计划、风险资金退出策略等。

（9）财务分析 提供关键的财务假设，如收益表、现金流量表等。

（10）风险控制 客观阐述本项目面临的技术、市场、财务等关键风险和问题，提出合理可行的规避计划。

3. 成果展示

（1）由各组领导者组织本团队以路演的方式展示实训成果。

（2）同学们对各团队进行评估，推选出最佳团队。

【实训作业】

请按照以上要求，结合当地的中医药健康旅游资源，书写一份中医药健康旅游创新创业计划书。

目标检测

答案解析

一、单项选择题

1. 下列不属于中医药旅游观光中人文景观的是（ ）

   A. 中药材种植基地观光   B. 中医药博物馆

   C. 名医故居   D. 中医药产品生产基地

2. 中医药健康旅游形式包括（ ）

   A. 中医药观光旅游   B. 中医药购物旅游

   C. 中医药体验旅游   D. 中医药科普教育旅游

二、多项选择题

1. 中医药健康旅游产业是（ ）产业的拓展和衍生。

   A. 中医药产业   B. 传统旅游产业   C. 健康服务业   D. 食品产业

2. 中医药"治未病"的理念倡导（　）

　　A. 防感染　　　　　　B. 既病防变　　　　　C. 愈后防复　　　　　D. 未病先防

3. 我国现有的养老模式主要有（　）

　　A. 传统家庭养老模式　B. 机构养老模式　　　C. 社区居家养老模式　D. 互助养老模式

二、简答题

简述中医药健康养老的优势。

（宫树华）

书网融合……

　　　　知识回顾　　　习题

第十章 创新创业竞赛介绍

PPT

学习目标

知识要求：

1. 掌握中国国际"互联网+"大学生创新创业大赛的赛道及组别。
2. 熟悉中国国际"互联网+"大学生创新创业大赛的起源与发展。
3. 了解中医药类创新创业竞赛的赛制。

能力要求：

1. 能够说出中国国际"互联网+"大学生创新创业大赛的赛道及组别。
2. 学会通过分析准确选择中国国际"互联网+"大学生创新创业大赛的赛道及组别的赛道。
3. 熟练掌握中国国际"互联网+"大学生创新创业大赛的赛制。

第一节 "互联网+"大学生创新创业大赛介绍

一、大赛的起源和发展

中国国际"互联网+"大学生创新创业大赛，由教育部与政府相关部门、各高校共同主办。大赛旨在深化高等教育综合改革，激发大学生的创造力，培养造就"大众创业、万众创新"的主力军；推动赛事成果转化，促进"互联网+"新业态形成，服务经济提质增效升级；以创新引领创业、创业带动就业，推动高校毕业生更高质量创业就业。

（一）大赛的起源

首届中国"互联网+"大学生创新创业大赛总决赛于2015年10月19日至20日在吉林长春吉林大学举行。国家领导人非常重视，并批示：大学生是实施创新驱动发展战略和推进大众创业、万众创新的生力军，既要认真扎实学习、掌握更多知识，也要投身创新创业、提高实践能力。中国"互联网+"大学生创新创业大赛，紧扣国家发展战略，是促进学生全面发展的重要平台，也是推动产学研用结合的关键纽带。教育部门和广大教育工作者要认真贯彻国家决策部署，积极开展教学改革探索，把创新创业教育融入人才培养，切实增强学生的创业意识、创新精神和创造能力，厚植大众创业、万众创新土壤，为建设创新型国家提供源源不断的智力支持。

首届大赛的主题是"'互联网+'成就梦想创新创业开辟未来"。已吸引31个省（市、自治区）及新疆生产建设兵团1878所高校的57253支团队报名参加，提交项目作品36508件，参与学生超过20万人，带动上百万大学生投入创新创业活动。

大赛参赛项目主要包括四种类型：一是"互联网+"传统产业；二是"互联网+"新业态；三是"互联网+"公共服务；四是"互联网+"技术支撑平台。大赛分为创意组和实践组两类进行比赛。通过总决赛产生金奖30个、银奖70个、铜奖200个，从金奖团队产生冠、亚、季军。同时，评选集体奖和优秀组织奖。

（二）历届大赛回顾

大赛自2015年举办以来，得到了党中央、国务院的高度关怀与指导。大赛规模与质量逐年攀升，成为覆盖全国所有高校、面向全体大学生、影响最大的高校双创盛会。同时大赛秉持教育本色，将思想政治教育、专业教育和创新创业教育相结合，以赛促学、以赛促教、以赛促创，破除大学生创新创业教育端与实践端的壁垒。

七届大赛累计有603万个团队共计2533万名大学生参赛，实现了基础教育、职业教育、高等教育的贯通。2020年，通过对市场监管总局登记注册的创业数据与全国高校学生学籍学历数据比对，2015届至2020届毕业生中共有创业大学生54.1万，其中毕业生44.4万，在校生9.7万。据统计，仅6届大赛的400多个金奖项目就带动就业达50多万人。

现已有450余万大学生参与"青年红色筑梦之旅"活动。广大青年学生走进革命老区、贫困地区和城乡社区，接受思想洗礼、加强实践锻炼，将激昂的青春梦融入伟大的中国梦。

自第三届大赛开始，大赛积极推进国际交流合作。据统计，第五届、第六届、第七届，三届大赛共有来自五大洲120多个国家和地区，10314个国际项目（三届项目数分别是1492，3291，5531）、30592名国际大学生报名参赛，实现"百国千校万人"参赛，大赛"国际范""含金量"再创历史新高。

大赛以创新引领创业、创业带动就业，推动高校人才培养范式发生深刻变革。目前，全国高校已普遍开设创新创业教育课程，累计开课3万余门。各高校聘请行业优秀人才担任双创教师，专职教师近3.5万人、兼职导师13.9万余人。大赛与创新创业教育伴生成长，为新时代大学生绽放自我、展现风采、服务国家提供了新平台，为世界创新创业教育改革提供了中国智慧、中国方案。

第一届大赛以"'互联网+'成就梦想，创新创业开辟未来"为主题，在吉林大学成功举办。大赛共吸引了31个省份及新疆生产建设兵团1878所高校的57253支团队报名参加，提交项目作品36508个，参与学生超过20万人，带动全国上百万大学生投入创新创业活动。

第二届大赛以"拥抱'互联网+'时代，共筑创新创业梦想"为主题，总决赛由华中科技大学承办。第二届大赛的参赛项目类型在第一届基础上由4种增加为6种。吸引了全国2110所高校参与，占全国普通高校总数的81%，报名项目数近12万个，参与学生超过55万人。

第三届大赛主题为"搏击'互联网+'新时代，壮大创新创业主力军"，由西安电子科技大学承办。相较第二届，第三届大赛的参赛项目类型中增加了一种文化创意服务项目，同时开设的国际赛道致力于打造大赛国际平台，提升大赛全球影响力。

第四届大赛以"勇立时代潮头敢闯会创，扎根中国大地书写人生华章"为主题，由厦门大学承办。第四届与前三届最大的不同在于，第四届增设"青年红色筑梦之旅"赛道，鼓励各类创新创业项目参赛，根据行业背景选择相应类型。

第五届大赛以"敢为人先放飞青春梦勇立潮头建功新时代"为主题，由浙江大学和杭州市人民政府承办。第五届的项目类型在保留前四届主题类型的同时，减少了公益创业项目，新增职教赛道和萌芽板块，体现出项目类型在精简化的同时趋于稳定。共有来自全球五大洲124个国家和地区的457万名大学生、109万个团队报名参赛，参赛项目和学生数接近前四届大赛的总和。

第六届大赛以"我敢闯、我会创"为主题，打造了一场汇聚世界"双创"青年同场竞技、相互促进、人文交流的国际盛会，大赛在广东华南理工大学举行。本届大赛更名为"第六届中国国际'互联网+'大学生创新创业大赛"增加"国际"二字，因为本届大赛立足粤港澳大湾区，汇聚世界一流大学，打造同台竞技交流平台，更加融入全球创新创业浪潮。内地共有2988所学校的147万个项目、630万人报名参赛。

第七届大赛以"我敢闯，我会创"为主题，由南昌大学和南昌市人民政府承办，共有来自国内外121个国家和地区、4347所院校的228万余个项目、956万余人次报名参赛，赛事规模再创新高。为引导高校把创新创业教育与破解产业实际技术难题有机结合，本届大赛新增了产业命题赛道。

📖 知识拓展

第七届中国国际"互联网+"大学生创新创业大赛有关情况

近年来，为深入贯彻落实党和国家领导人关于教育的重要论述和党中央、国务院的决策部署，教育部实施了一系列有力措施促进创新创业教育改革，特别是联合11家中央单位和地方省级人民政府，打造了中国国际互联网+大学生创新创业大赛，到今年已经是第七届。目前，大赛已经成为高等教育领域落实立德树人根本任务、提高人才培养质量的重要举措，成为推动高校创新创业教育改革的重要平台，成为展示新时代高等教育教学改革成果的重要窗口，成为世界大学生实现创新创业梦想的全球盛会。

二、大赛的赛道及组别

第五届大赛提出"五个更"的要求，即更中国、更国际、更教育、更全面、更创新。大赛历经七届，在赛道、组别、参与人群方面不断创新提升，实现"三个覆盖"：内地院校参赛全覆盖、教育全学段参赛全覆盖、世界百强大学参赛基本覆盖。下面以第七届中国国际"互联网+"大学生创新创业大赛活动方案为主，介绍大赛方案。

（一）主赛道

1. **参赛项目类型** "互联网+"现代农业、"互联网+"制造业、"互联网+"信息技术服务、"互联网+"文化创意服务、"互联网+"社会服务。参赛项目结合以上分类及自身项目实际，合理选择项目类型。参赛项目不只限于"互联网+"项目，鼓励各类创新创业项目参赛，根据行业背景选择相应类型。

2. **组别** 根据参赛项目所处的创业阶段、已获投资情况和项目特点等，分为本科生创意组、研究生创意组、初创组、成长组、师生共创组。

本科生创意组：参赛项目具有较好的创意和较为成型的产品原型或服务模式，在大赛通知下发之日前尚未完成工商等各类登记注册，并符合以下条件：①参赛申报人须为团队负责人，团队负责人及成员须均为普通高等学校全日制在校本科生或专科生。②学校科技成果转化项目不能参加本组比赛（科技成果的完成人、所有人中参赛申报人排名第一的除外）。

研究生创意组：参赛项目具有较好的创意和较为成型的产品原型或服务模式，在大赛通知下发之日前尚未完成工商等各类登记注册，并符合以下条件：①参赛申报人须为团队负责人，团队负责人和团队成员须为普通高等学校全日制在校研究生或本专科生（团队成员中只要有一个人是研究生，该项目只能报研究生创意组）。②学校科技成果转化项目不能参加本组比赛（科技成果的完成人、所有人中参赛申报人排名第一的除外）。

初创组：参赛项目工商等各类登记注册未满 3 年，且获机构或个人股权投资不超过 1 轮次，并符合以下条件：①参赛申报人须为初创企业法定代表人，须为普通高等学校全日制在校生（包括本专科生、研究生，不含在职教育），或毕业 5 年以内的学生。企业法定代表人在大赛通知发布之日后进行变更的不予认可。②初创组项目的股权结构中，参赛企业法定代表人的股权不得少于 10%，参赛成员股权合计不得少于 1/3。③学校科技成果转化项目（不含基于国家级重大、重点科研项目的科研成果转化项目）可以参加初创组，允许将拥有科研成果的教师的股权与学生所持股权合并计算，合并计算的股权不得少于 51%（学生团队所持股权比例不得低于 26%）。

成长组：参赛项目工商等各类登记注册 3 年以上；或工商等各类登记注册未满 3 年，且获机构或个人股权投资 2 轮次以上（含 2 轮次），并符合以下条件：①参赛申报人须为企业法定代表人，须为普通高等学校全日制在校生（包括本专科生、研究生，不含在职教育），或毕业 5 年以内的学生。企业法定代表人在大赛通知发布之日后进行变更的不予认可。②成长组项目的股权结构中，参赛企业法定代表人的股权不得少于 10%，参赛成员股权合计不得少于 1/3。③学校科技成果转化项目（不含基于国家级重大、重点科研项目的科研成果转化项目）可以参加成长组，允许将拥有科研成果的教师的股权与学生所持股权合并计算，合并计算的股权不得少于 51%（学生团队所持股权比例不得低于 26%）。

师生共创组：基于国家级重大、重点科研项目的科研成果转化项目，或者教师与学生共同参与创业且教师所占权重比例大于学生（如已注册成立公司，教师持股比例大于学生）的项目，并符合以下条件：①参赛项目如已注册成立公司，公司注册年限不得超过 5 年，师生均可为公司法定代表人。企业法定代表人在大赛通知发布之日后进行变更的不予认可。股权结构中，师生股权合并计算不低于 51%，且学生参赛成员合计股份不低于 10%。②参赛申报人须为普通高等学校全日制在校生（包括本专科生、研究生，不含在职教育），或毕业 5 年以内的学生。③参赛项目中的教师须为高校在编教师。

本赛道中，中国大陆地区参赛项目设置金奖 150 个，银奖 350 个，铜奖 1000 个；港澳台地区参赛项目设金奖 5 个，银奖 15 个，铜奖另定；国际参赛项目设置金奖 50 个，银奖 100 个，铜奖 350 个。第七届大赛大幅提高了中国大陆地区参赛项目金奖数，由 50 个上升到了 150 个。另外，本赛道设置最佳带动就业奖、最佳创意奖、最具商业价值奖、最具人气奖等若干单项奖。一般来说，大赛还存在复活金奖数，一般占比 20%~30%，所以每届大赛实际金奖数会高于设置的数量。

（二）"青年红色筑梦之旅"

1. "青年红色筑梦之旅"的起源　"青年红色筑梦之旅"活动是大赛的重要活动之一。第一次青年红色筑梦之旅是第三届中国"互联网+"大学生创新创业大赛举办的同期实践活动。此次活动由教育部组织，承办单位西安电子科技大学实施。

两批参赛团队分赴延安，通过大学生创新创业项目对接革命老区经济社会发展需求，助力精准扶贫脱贫。团队围绕"青春之歌""红色记忆""筑梦踏实"三个主题，通过寻访梁家河、走访"八一"敬老院、参观革命旧址、聆听专题辅导、开展青年乡村创客沙龙、举办乡村创客高峰论坛，学习和感受当地的精神财富，实地了解老红军、下乡知青们伟大而艰辛的青春"创业"史，为创业青年提供了一次继承延安精神、涵养创业精神、坚定文化自信的精神飨宴。

"青年红色筑梦之旅"活动近几年蓬勃发展。第四届共有 14 万个项目、70 万大学生奔赴祖国各地，投身"青年红色筑梦之旅"。到了第五届，项目数增至 23.8 万个。第六届大赛聚焦 52 个未摘帽贫困县的实际需求，利用互联网直播平台和实体购买平台，举办全国线上对接活动，引导、促成全国大学生聚焦贫困县开展以电商直播或创业实践为主的精准扶贫，打造"青年红色筑梦之旅"活动新模式，参与"青年红色筑梦之旅"活动的大学生人数已达到132万人。与此同时，"青年红色筑梦之旅"项目对接了越来越多的企业、农户，为精准扶贫、乡村振兴贡献了力量。

2. **活动和赛道的发展** 第三届大赛推出"青年红色筑梦之旅"活动之后，大赛组委会于第四届大赛创新推出了"青年红色筑梦之旅"赛道的项目，符合大赛参赛要求的、可自主选择参加"青年红色筑梦之旅"赛道或其他赛道比赛，参赛项目只能选择参加一个赛道。该赛道单列奖项、单独设置评审指标，突出项目的社会贡献和公益价值。

第七届大赛的"青年红色筑梦之旅"赛道分为以下组别。

公益组：①参赛项目以社会价值为导向，在公益服务领域具有较好的创意、产品或服务模式的创业计划和实践。②参赛申报主体为独立的公益项目或社会组织，注册或未注册成立公益机构（或社会组织）的项目均可参赛。③师生共创的公益项目，若符合"青年红色筑梦之旅"赛道要求，可以参加本组比赛。

本届"青年红色筑梦之旅"赛道将之前的"商业组"细分为"创意组"和"创业组"。

创意组：①参赛项目以商业手段解决农业农村和城乡社区发展的痛点问题、巩固脱贫攻坚成果，助力乡村振兴，实现经济价值和社会价值的融合。②参赛项目在大赛通知下发之日前尚未完成工商等各类登记注册。③师生共创的商业项目不允许参加"青年红色筑梦之旅"赛道，可参加高教主赛道。

创业组：①参赛项目以商业手段解决农业农村和城乡社区发展的痛点问题、巩固脱贫攻坚成果，助力乡村振兴，实现经济价值和社会价值的融合。②参赛项目在大赛通知下发之日前已完成工商等各类登记注册。项目的股权结构中，企业法定代表人的股权不得少于10%，参赛成员股权合计不得少于1/3。如已注册成立机构或公司，学生须为法定代表人。③师生共创的商业项目不允许参加"青年红色筑梦之旅"赛道，可参加高教主赛道。

本次大赛中，本赛道设置金奖50个，银奖100个，铜奖350个。另外设置乡村振兴、社区治理等若干奖项。和主赛道一样，金奖总数再次增加，从上届的15个增加到50个。

（三）职教赛道

第七届中国国际"互联网+"大学生创新创业大赛设立职教赛道，推进职业教育领域创新创业教育改革，组织学生开展就业型创业实践。在第七届大赛之前，职教赛道的参赛项目类型一直跟主赛道基本一致，第七届大赛将参赛类型调整为创新类、商业类、工匠类。本赛道分为创意组与创业组。

1. **创意组** 参赛项目具有较好的创意和较为成型的产品原型、服务模式或针对生产加工工艺进行创新的改良技术，在大赛通知下发之日前尚未完成工商等各类登记注册。参赛申报人须为团队负责人，须为职业院校的全日制在校学生或国家开放大学学历教育在读学生。

2. **创业组** 参赛项目在大赛通知下发之日前已完成工商等各类登记注册，且公司注册年限不超过5年。参赛申报人须为企业法定代表人，须为职业院校全日制在校学生或毕业5年内的学生、国家开放大学学历教育在读学生或毕业5年内的学生。企业法人在大赛通知发布之日后进行变更的不予认可。已完成工商等各类登记注册的参赛项目的股权结构中，企业法定代表人的股权不得少于10%，参赛成员合计不得少于1/3。学校科技成果转化的项目只能参加创业组（科技成果的完成人、所有人中参赛申报人排名第一的除外），允许将拥有科技成果的教师的股权与学生所持股权合并计算，且股权不得少于51%（学生团队所持股权比例不得低于26%）。教师持股比例大于学生团队持股比例的项目，不能报名参加职教赛道，可参加高教主赛道师生共创组。

在第七届大赛中，本赛道设置金奖50个，银奖100个，铜奖350个。金奖的数量也比第六届增加，由15个增加到50个。

📖 **知识拓展**

"毕业后公益基金——关爱留守儿童，赋能乡村教育"项目介绍

"毕业后公益基金——关爱留守儿童，赋能乡村教育"项目在第六届中国国际"互联网+"大学生创新创业大赛脱颖而出，荣获"青年红色筑梦之旅"赛道公益组金奖。

2018年12月，在共青团广东省委员会下设的广东省青少年发展基金会成立毕业后公益基金。毕业后公益基金聚焦乡村留守儿童教育资源匮乏和留守孤独困境两大难题，开创了"中国留守儿童精准关爱体系"的解决方案。

截至2020年11月，该项目已经累计联合75位知名艺人、365家知名企业、1000余家明星粉丝团、40万志愿者、110万爱心人士撬动1亿公益价值，为国内28个省份的1535所偏远地区乡村小学建立图书室、科技馆、美术馆、音乐馆，并实施相关配套服务，有效帮助了35万留守儿童健康成长。

第二节　中医药类创新创业竞赛介绍

一、中国国际"互联网+"大学生创新创业大赛的评审规则

随着大赛规模和赛道的变化发展，大赛的规则也不断优化，创意组、初创组、成长组、师生共创组的评审规则均有调整，规则的调整越来越体现"五更"的目标，全面聚焦"五育"并举的创新创业教育实践，深入推进"大众创业万众创新"，推动高等教育高质量发展，加快培养创新创业人才，打造共建共享、融通中外的创新创业盛会。

下面以第七届大赛为例，介绍大赛各组别评审规则。

（一）主赛道项目评审要点（本科生创意组、研究生创意组）

表10-1　本科生创意组、研究生创意组主赛道项目评审要点

评审要点	评审内容	分值
创新维度	1. 具有原始创新或技术突破，取得一定数量和质量的创新成果（专利、创新奖励、行业认可等） 2. 在商业模式、产品服务、管理运营、市场营销、工艺流程、应用场景等方面取得突破和创新	30
团队维度	1. 团队成员的教育、实践、工作背景、创新能力、价值观念等情况 2. 团队的组织构架、分工协作、能力互补、人员配置、股权结构以及激励制度合理性情况 3. 团队与项目关系的真实性、紧密性，团队对项目的各类投入情况，团队未来投身创新创业的可能性情况 4. 支撑项目发展的合作伙伴等外部资源的使用以及与项目关系的情况	25
商业维度	1. 商业模式设计完整、可行，项目已具备盈利能力或具有较好的盈利潜力 2. 项目目标市场容量及市场前景，项目与市场需求匹配情况、项目的市场、资本、社会价值情况，项目落地执行情况 3. 对行业、市场、技术等方面有翔实调研，并形成可靠的一手材料，强调实地调查和实践检验 4. 项目对相关产业升级或颠覆的情况；项目与区域经济发展、产业转型升级相结合情况	20

续表

评审要点	评审内容	分值
就业维度	1. 项目直接提供就业岗位的数量和质量 2. 项目间接带动就业的能力和规模	10
引领教育	1. 项目的产生与执行充分展现团队的创新意识、思维和能力，体现团队成员解决复杂问题的综合能力和高级思维 2. 突出大赛的育人本质，充分体现项目成长对团队成员创新创业精神、意识、能力的锻炼和提升作用 3. 项目充分体现多学科交叉、专创融合、产学研协同创新等发展模式 4. 项目所在院校在项目的培育、孵化等方面的支持情况 5. 团队创新创业精神与实践的正向带动和示范作用	15

（二）主赛道项目评审要点（初创组、成长组）

表10-2　初创组、成长组主赛道项目评审要点

评审要点	评审内容	分值
商业维度	1. 商业模式设计完整、可行，产品或服务成熟度及市场认可度 2. 经营绩效方面，重点考察项目存续时间、营业收入（合同订单）现状、企业利润、持续盈利能力、市场份额、客户（用户）情况、税收上缴、投入与产出比等情况 3. 成长性方面，重点考察项目目标市场容量大小及可扩展性，是否有合适的计划和可靠资源（人力资源、资金、技术等方面）支持其未来持续快速成长 4. 经营管理方面，是否有科学、完备的研发、销售、运营、管理、人力等制度和体系支撑项目发展 5. 现金流及融资方面，关注项目已获外部投资情况、维持企业正常经营的现金流情况、企业融资需求及资金使用规划是否合理 6. 项目对相关产业升级或颠覆的情况；项目与区域经济发展、产业转型升级相结合情况	30
团队维度	1. 团队成员的教育和工作背景、创新能力、价值观念、分工协作和能力互补情况，重点考察成员的投入程度及团队成员的稳定性 2. 团队的组织构架、股权结构、人员配置以及激励制度合理性情况 3. 支撑项目发展的合作伙伴等外部资源的使用以及与项目关系的情况	25
创新维度	1. 具有原始创新或技术突破，取得一定数量和质量的创新成果（专利、创新奖励、行业认可等） 2. 在商业模式、产品服务、管理运营、市场营销、工艺流程、应用场景等方面取得突破和创新	20
就业维度	1. 项目直接提供就业岗位的数量和质量 2. 项目间接带动就业的能力和规模	10
引领教育	1. 项目充分体现多学科交叉、专创融合、产学研协同创新等发展模式 2. 突出大赛的育人本质，充分体现项目成长对团队成员创新创业精神、意识、能力的锻炼和提升作用 3. 项目所在院校对项目发展的支持情况或项目与所在院校的互动、合作情况 4. 团队创新创业精神与实践的正向带动和示范作用	15

（三）主赛道项目评审要点（师生共创组）

表10-3　师生共创组主赛道项目评审要点

评审要点	评审内容	分值
商业维度 （未注册公司）	1. 商业模式设计完整、可行，项目已具备盈利能力或具有较好的盈利潜力 2. 项目目标市场容量及市场前景，项目与市场需求匹配情况、项目的市场、资本、社会价值情况，项目落地执行情况 3. 对行业、市场、技术等方面有翔实调研，并形成可靠的一手材料，强调实地调查和实践检验 4. 项目对相关产业升级或颠覆的情况；项目与区域经济发展、产业转型升级相结合情况	30

续表

评审要点	评审内容	分值
商业维度 （已注册 公司）	1. 商业模式设计完整、可行，产品或服务成熟度及市场认可度 2. 经营绩效方面，重点考察项目存续时间、营业收入（合同订单）现状、企业利润、持续盈利能力、市场份额、客户（用户）情况、税收上缴、投入与产出比等情况 3. 成长性方面，重点考察项目目标市场容量大小及可扩展性，是否有合适的计划和可靠资源（人力资源、资金、技术等方面）支持其未来持续快速成长 4. 经营管理方面，是否有科学、完备的研发、销售、运营、管理、人力等制度和体系支撑项目发展 5. 现金流及融资方面，关注项目已获外部投资情况、维持企业正常经营的现金流情况、企业融资需求及资金使用规划是否合理 6. 项目对相关产业升级或颠覆的情况；项目与区域经济发展、产业转型升级相结合情况	30
团队维度	1. 团队成员的教育和工作背景、创新能力、价值观念、分工协作和能力互补情况，重点考察师生分工协作、利益分配情况及合作关系稳定程度 2. 项目的组织构架、股权结构、人员配置以及激励制度合理性情况 3. 支撑项目发展的合作伙伴等外部资源的使用以及与项目关系的情况	25
创新维度	1. 具有原始创新或技术突破，取得一定数量和质量的创新成果（专利、创新奖励、行业认可等） 2. 在商业模式、产品服务、管理运营、市场营销、工艺流程、应用场景等方面取得突破和创新	20
就业维度	1. 项目直接提供就业岗位的数量和质量 2. 项目间接带动就业的能力和规模	10
引领教育	1. 项目展现了师生共创对团队成员特别是学生的创新创业能力的提升 2. 项目充分体现多学科交叉、专创融合、产学研协同创新等发展模式 3. 突出大赛的育人本质，充分体现项目成长对团队成员创新创业精神、意识、能力的锻炼和提升作用 4. 项目所在院校对项目发展的支持情况或项目与所在院校的互动、合作情况 5. 团队创新创业精神与实践的正向带动和示范作用	15

（四）"青年红色筑梦之旅"赛道项目评审要点（公益组）

表10-4　公益组主赛道项目评审要点

评审要点	评审内容	分值
项目团队	1. 团队成员的基本素质、业务能力、奉献意愿和价值观与项目需求相匹配 2. 团队的组织架构与分工协作合理 3. 团队权益结构或公司股权结构合理 4. 团队的延续性或接替性	20
公益性	1. 项目以社会价值为导向，以解决社会问题为使命，不以营利为目的，有可预见的公益成果，公益受众的覆盖面广 2. 在公益服务领域有良好产品或服务模式	15
实效性	1. 项目对巩固脱贫攻坚成果、乡村振兴和社区治理等社会问题的贡献度 2. 在引入社会资源方面对农村组织和农民增收、地方产业结构优化等的效果 3. 项目对促进就业、教育、医疗、养老、环境保护与生态建设等方面的效果	20
创新性	1. 鼓励技术或服务创新、引入或运用新技术，鼓励高校科研成果转化 2. 鼓励组织模式创新或进行资源整合	20
可持续性	1. 项目的持续生存能力 2. 创新研发、生产销售、资源整合等持续运营能力 3. 项目模式可复制、可推广、具有示范效应等	10
引领教育	1. 项目充分展示了创业团队扎根中国大地了解国情民情，运用创新思维和创业能力服务社会 2. 项目充分体现专业教育与创新创业教育的有机融合，充分体现思政教育与创新创业教育的有机融合 3. 突出大赛的育人本质，充分体现项目成长对团队成员的社会责任感、创新精神、实践能力的锻炼和提升作用 4. 项目所在院校对项目发展的支持情况或项目与所在院校的互动、合作情况 5. 团队创新创业、社会服务精神的正向带动和示范作用	15
必要条件	参加由学校、省市或全国组织的"青年红色筑梦之旅"活动，符合公益性要求	

（五）"青年红色筑梦之旅"赛道项目评审要点（创意组）

表10-5　创意组主赛道项目评审要点

评审要点	评审内容	分值
项目团队	1. 团队成员的基本素质、业务能力、奉献意愿和价值观与项目需求相匹配 2. 团队的组织架构、股权结构、人员结构与分工协作合理 3. 团队外部资源引用及与项目关系结构清晰，逻辑合理	20
创新性	1. 鼓励高校科研成果和文创成果在乡村或社区进行产业转化落地与实践应用 2. 鼓励技术或服务创新、引入或运用新技术在乡村和社区生产生活中的实践应用 3. 鼓励组织和协作模式的创新或进行资源有效性优化和整合	20
实效性	1. 项目商业模式设计完整、可行，产品或服务对巩固脱贫攻坚成果、乡村振兴和社区治理等社会问题的贡献度 2. 项目对农民增收、农村组织、社区服务和地方产业结构优化的效果 3. 项目对促进文化、教育、医疗、养老、环境保护与生态建设等方面的效果	20
可持续性	1. 项目的持续生存能力，在创新研发、生产销售、资源整合等方面具备良性成长能力 2. 项目具备模式可复制性、产业可推广性、成果可示范性等 3. 项目的成长与区域经济发展、地方产业升级高度融合，经济价值和社会价值适度融合	15
带动就业	1. 项目直接提供就业岗位的数量和质量 2. 项目间接带动就业的能力和规模	10
引领教育	1. 项目充分展示了创业团队扎根中国大地了解国情民情，运用创新思维和创业能力服务社会 2. 项目充分体现专业教育与创新创业教育的有机融合，充分体现思政教育与创新创业教育的有机融合 3. 突出大赛的育人本质，充分体现项目成长对团队成员的社会责任感、创新精神、实践能力的锻炼和提升作用 4. 项目所在院校对项目发展的支持情况或项目与所在院校的互动、合作情况 5. 团队创新创业、社会服务精神的正向带动和示范作用	15
必要条件	参加由学校、省市或全国组织的"青年红色筑梦之旅"活动	

（六）"青年红色筑梦之旅"赛道项目评审要点（创业组）

表10-6　创业组主赛道项目评审要点

评审要点	评审内容	分值
项目团队	1. 团队成员的基本素质、业务能力、奉献意愿和价值观与项目需求相匹配 2. 团队的组织架构与分工协作合理 3. 团队权益结构或公司股权结构合理	20
实效性	1. 项目商业模式设计完整、可行，产品或服务对巩固脱贫攻坚效果、乡村振兴和社区治理等社会问题的贡献度 2. 在引入社会资源方面对农村组织和农民增收、地方产业结构优化的效果 3. 项目对促进文化、教育、医疗、养老、环境保护与生态建设等方面的效果 4. 项目的成长性与区域经济发展、产业转型升级相结合	20
创新性	1. 鼓励技术或服务创新、引入或运用新技术，鼓励高校科研成果转化 2. 鼓励在生产、服务、营销等方面创新 3. 鼓励组织模式创新或进行资源整合	20
可持续性	1. 项目的持续生存能力 2. 经济价值和社会价值适度融合 3. 创新研发、生产销售、资源整合等持续运营能力 4. 项目模式可复制、可推广，具有示范效应	15
带动就业	1. 项目直接提供就业岗位的数量和质量 2. 项目间接带动就业的能力和规模	10

评审要点	评审内容	分值
引领教育	1. 项目充分展示了创业团队扎根中国大地了解国情民情，运用创新思维和创业能力服务社会 2. 项目充分体现专业教育与创新创业教育的有机融合，充分体现思政教育与创新创业教育的有机融合 3. 突出大赛的育人本质，充分体现项目成长对团队成员的社会责任感、创新精神、实践能力的锻炼和提升作用 4. 项目所在院校对项目发展的支持情况或项目与所在院校的互动、合作情况 5. 团队创新创业、社会服务精神的正向带动和示范作用	15
必要条件	参加由学校、省市或全国组织的"青年红色筑梦之旅"活动	

（七）创意组职教赛道项目评审要点

表10-7　创意组职教赛道项目评审要点

评审要点	评审内容	分值
创新维度	1. 具有原始创意、创造 2. 具有面向培养"大国工匠"与能工巧匠的创意与创新 3. 项目体现产教融合模式创新、校企合作模式创新、工学一体模式创新 4. 鼓励面向职业和岗位的创意及创新，侧重于加工工艺创新、实用技术创新、产品（技术）改良、应用性优化、民生类创意等	30
团队维度	1. 团队成员的教育、实践、工作背景、创新能力、价值观念等情况 2. 团队的组织构架、分工协作、能力互补、人员配置、股权结构以及激励制度合理性情况 3. 团队与项目关系的真实性、紧密性，团队对项目的各类投入情况，团队未来投身创新创业的可能性情况 4. 支撑项目发展的合作伙伴等外部资源的使用以及与项目关系的情况	25
商业维度	1. 商业模式设计完整、可行，项目已具备盈利能力或具有较好的盈利潜力 2. 项目目标市场容量及市场前景，项目与市场需求匹配情况、项目的市场、资本、社会价值情况，项目落地执行情况 3. 对行业、市场、技术等方面有翔实调研，并形成可靠的一手材料，强调实地调查和实践检验 4. 项目对相关产业升级或颠覆的情况；项目与区域经济发展、产业转型升级相结合情况	20
就业维度	1. 项目直接提供就业岗位的数量和质量 2. 项目间接带动就业的能力和规模	10
引领教育	1. 项目的产生与执行充分展现团队的创新意识、思维和能力，体现团队成员解决复杂问题的综合能力和高级思维 2. 突出大赛的育人本质，充分体现项目成长对团队成员创新创业精神、意识、能力的锻炼和提升作用 3. 项目充分体现多学科交叉、专创融合、产学研协同创新等发展模式 4. 项目所在院校在项目的培育、孵化等方面的支持情况 5. 团队创新创业精神与实践的正向带动和示范作用	15

（八）创业组职教赛道项目评审要点

表10-8　创业组职教赛道项目评审要点

评审要点	评审内容	分值
商业维度	1. 商业模式设计完整、可行，产品或服务成熟度及市场认可度 2. 经营绩效方面，重点考察项目存续时间、营业收入（合同订单）现状、企业利润、持续盈利能力、市场份额、客户（用户）情况、税收上缴、投入与产出比等情况 3. 成长性方面，重点考察项目目标市场容量大小及可扩展性，是否有合适的计划和可靠资源（人力资源、资金、技术等方面）支持其未来持续快速成长 4. 经营管理方面，是否有合理、完备的研发、销售、运营、管理、人力等制度和体系支撑项目发展 5. 现金流及融资方面，关注项目已获外部投资情况、维持企业正常经营的现金流情况、企业融资需求及资金使用规划是否合理 6. 项目对相关产业升级或颠覆的情况；项目与区域经济发展、产业转型升级相结合情况	30

续表

评审要点	评审内容	分值
团队维度	1. 团队成员的教育和工作背景、创新能力、价值观念、分工协作和能力互补情况，重点考察成员的投入程度及团队成员的稳定性 2. 团队的组织构架、股权结构、人员配置以及激励制度合理性情况 3. 支撑项目发展的合作伙伴等外部资源的使用以及与项目关系的情况	25
创新维度	1. 具有原始创意、创造 2. 具有面向培养"大国工匠"与能工巧匠的创意与创新 3. 项目体现产教融合模式创新、校企合作模式创新、工学一体模式创新 4. 鼓励面向职业和岗位的创意及创新，侧重于加工工艺创新、实用技术创新、产品（技术）改良、应用性优化、民生类创意等	20
就业维度	1. 项目直接提供就业岗位的数量和质量 2. 项目间接带动就业的能力和规模 3. 项目创造新就业形态的现实性与可能性情况	10
引领教育	1. 项目充分体现多学科交叉、专创融合、产学研协同创新等发展模式 2. 突出大赛的育人本质，充分体现项目成长对团队成员创新创业精神、意识、能力的锻炼和提升作用 3. 项目所在院校对项目发展的支持情况或项目与所在院校的互动、合作情况 4. 团队创新创业精神与实践的正向带动和示范作用	15

二、大赛组织的时间和报名流程

（一）时间安排

大赛整体安排相对较为固定，从每年4月开始持续到10月结束。以第七届大赛为例，大赛组织时间如表10-9。

表10-9　大赛组织时间表

赛事安排	报名	初赛复赛	总决赛
时间	2021年4月~8月15日	2021年6月~8月31日	2021年10月下旬
地点		各省级行政区域	全国决赛地
参与方式	线上报名	线上+线下筛选	线上+线下筛选

1. **参赛报名（2021年4月）** 报名系统开放时间为2021年4月15日，报名截止时间由各地根据复赛安排自行决定，但不得晚于8月15日。国际参赛项目通过全球青年创新领袖共同体促进会官网进行报名。

2. **初赛复赛（2021年6~8月）** 初赛复赛的比赛环节、评审方式等由各校、各地自行决定，赛事组织须符合本地常态化疫情防控要求并制定应急预案。各地应在8月31日前完成省级复赛。国际参赛项目的遴选推荐工作另行安排。

3. **总决赛（2021年10月下旬）** 大赛设金奖、银奖、铜奖和各类单项奖；另设高校集体奖、省市组织奖和优秀导师奖等。

根据大赛时间安排，各高校一般在3月下旬开始进行校级项目遴选和打磨过程。根据项目实施情况，学校一般选择遴选出重点项目，由指导老师带领学生完成打磨、升级过程。这就要求学生在之前完成组建团队、项目要点梳理、项目实施、工商注册、项目路演等前期准备。

（二）报名流程

（1）参赛团队通过登录"全国大学生创业服务网"（网址：cy.ncss.cn）或微信公众号（名称为"全

国大学生创业服务网"或"中国互联网+大学生创新创业大赛")任一方式进行报名。

（2）在用户登录界面上，点击"立即注册"来到用户注册界面，输入手机号后等待验证码，填写验证码，完成注册。

（3）注册完成后，点击"申请成为创业者"，继续报名。

（4）填好个人信息等信息后，点击"提交申请"，申请成为创业者并开始创建项目。

（5）把带星号内容填写完成，提交上次计划书等文件。

（6）完成团队成员和指导教师的信息填写。

（7）确认信息无误后，点击参赛。

（8）进入赛道选择界面，根据项目属性，选择对应赛道和组别，点击"确认"后完成报名。

报名过程中一是要准确填写信息，姓名等关键信息一定要核对仔细。二是要注意赛道选择，对照评审要点，选择最符合项目的赛道。

三、中医药类专业的学生参赛准备

（一）项目选择

中医药类专业性较强，富含大量中国传统优秀文化和现代科技元素，大学生要树立创新创业思维，通过各类专业课与创新创业项目进行深度融合，将日常学习的一个知识点，展开思考，结合团队力量、市场调研、需求情况，思考、升华为一个创新点，从而全力打造为一个创业项目。

同时，学生的创新创业项目要依托高校众创空间平台，借助创业导师的指导，将市场运营理念和模式引入项目中，实现项目"两翼齐飞"。例如，重庆某高职院校中医专业学生在专业教育中学习到了艾叶的功效，也学习到了正确识别艾叶的方法。学生发现普通老百姓常将艾叶和苦蒿草混淆，也不能完全正确使用艾叶。暑假返家期间，利用当地"精准扶贫""乡村振兴"的相关政策，在家乡政府的帮助下，带领农户种植药用艾叶，并进行规模生产和对口销售，带领乡亲脱贫致富，在当地反响较好。同时，学生将此项目进行梳理，项目组配合自己手绘的识别艾叶和家用艾叶的漫画，通过科普形式加大宣传力度，艾叶销量大大提高。项目组通过总结、梳理后，参加各类创新创业大赛，在比赛中多次获奖。

近年来，国家对中医药的扶持力度加大，也非常注重中医药领域的最新研究成果的转换，中医药类大学生的创新创业项目以专业为基础，将科研成果转化落地，实现科研成果产业化。某中医专业教授带领学生团队研发的"随身灸"系列针灸器具，结合中医针灸相关理论，产品以轻便、实惠、见效快为亮点，多年未走出高校，没有找到合适平台实现商业化，学生将该项目升级改良后，报名参加创新创业大赛，引起风投商家关注，完成了第一轮融资，现已经开始量产。

（二）团队组建

指导老师。一个创业项目必须要有一个好的指导老师，从大赛获奖项目来看，一个优秀的指导老师在团队建设中、大赛备赛参赛过程中都起到较为重要的作用。一个优秀的指导老师既要具备专业知识能力，也要有丰富创新创业知识，了解国家的相关政策、公司财税政策等。在备赛参赛过程中，能够给学生及时出谋划策，指导学生做好专业和市场两方面工作，帮助学生解决各种实际问题，团结团队，帮助团队处理好困难和困境。

学生团队。一个团结、积极、向上、专业的团队是创新创业项目成功的重要因素。团队成员要各有所长，在性格、知识、能力等方面形成互补。成员要有专业知识牢固、会制作设计PPT、路演、项目书书写等特长。一个团队要有一个共同的目标，一个共同遵守的规则，一个核心成员。核心成员也就是项目的发起人或负责人，他要具有较强的凝聚力，能把团队成员由分散的点凝聚为一股力量。同时，核心成员能较好地识别团队其他成员的长处和短板，在工作过程中能充分发挥成员优点，尽量避免成员短板对团队的影响。团队成员要根据自己负责的板块，努力发挥特长，注重和其他成员沟通协作，共同完成好团队工作。

需要注意的是，在第七届大赛相关文件中，明确了对学生团队的年龄要求，要求参赛人员年龄不超过35岁。

（三）政策研读

要在大赛当中取得好成绩，就要认真研究比赛规程，尤其是认真研究大赛各组别条件、各组别的评审要点及赋分情况。

1. **赛道报名** 大赛按参赛对象分为创意组、初创组和成长组、就业型创业组。各组别不同，对股权、工商登记、股权投资有不同要求。项目团队在报名参赛之前，一定要仔细研读规则，找到最适合项目的赛道和组别。

2. **评审要求** 每组评审的侧重点不同，一般而言创意组更注重创新性，可行性，对其商业性和带动就业方面要求不高；而初创组和成长组更重视商业模式，对创新性要求不高；就业型创业组比较看重的是带动就业的能力和商业模式。对于已经建立起来的企业，评审专家一般都会看此项目的持续盈利性以及营销渠道。如果项目企业是已经成长起来的企业，有一定盈利能力，但是带动就业效应的优势不明显，参赛团队应该选择初创组或成长组。如果项目企业有一定可行的商业模式，主要优势在于带动就业，则应该选择就业型创业组。

（四）商业计划书书写

大赛会分为几个赛道，每个赛道的评审要点有所不同，商业计划书的书写要根据赛道突出重点。比如，创意组对创新性比较看重，计划书应该重点介绍项目的创新点。计划书的书写不在于内容翔实，要写明"为什么做、做了什么、怎么做、做得怎么样、谁来做"等五方面，简明扼要地介绍出项目的亮点、实现途径、未来分析等要素，一般在20~30页左右。北京大学的OFO共享单车团队作为第二届大赛的金奖项目，获得多轮融资，其商业计划书才10页。

一般来说，一份完整的计划书包括以下项目。

1. **封面** 主要内容应该包括项目名称、项目核心理念、项目LOGO、指定联系人、联系方式、保密约定等等。

2. **目录**

3. **执行摘要** 简明扼要的接受项目，用精炼、准确的文字对该项目进行整体描述，突出创新点和市场价值。

4. **市场分析** 市场分析主要从市场现状，竞品分析，用户调研等方面撰写，是对该项目在市场的生存和发展状况进行分析的基础数据和情况的描述，内容要突出市场的缺项和痛点，准备切入项目的优势。

5. **产品介绍** 主要介绍项目核心竞争力、研发过程、研发成果的影响力和对未来市场的判断等。该部分切忌假大空，要用大量数据、市场反馈、行业比较等说服评委和市场。

6. **商业模式** 商业模式主要包括价值载体、目标客户、盈利模式和推广模式。价值载体是该产品特点优势等，围绕项目做什么来写。目标客户是谁，项目受益人群是谁，要求定位准确，对各类客户进行细分。该部分要突出项目特点进行分析，不能千篇一律，针对性要强。

7. 公司简介 公司部分主要撰写公司的简介、发展历程和规划以及核心团队，主要以展示公司的实力为目的。对于初创企业，发展历程和规划需要说明创办新企业的思路、新产品的形成过程以及企业的目标和发展战略。对于没有公司的项目，要以模拟的形式介绍一下即将成立的公司，包括发展规划等等。

8. 财务分析 财务分析的专业性较强，一般包括项目总投资、资金筹措方案、销售收入、产品成本、运营费用、税费、财务收益分析、风险评估等内容。

9. 融资需求 包括公司的股权结构、项目估值、融资金额、股权置换等。

10. 附录 附录是对上述内容的补充说明，一般撰写一些需要特别强调的内容，比如专利证书、第三方鉴定报告、核对成员的创业简历等。

第三节 创新创业竞赛的实效

一、以赛促教，探索人才培养新途径

大赛客观上要求为新时代培养创新创业的复合型人才，敦促各高校结合人才培养定位和创新创业能力要求，建立健全创新创业课程体系，将相关课程纳入人才培养方案，根据专业特色开设必修或选修课。截至2019年底，全国已累计开设创新创业课程2.8万余门，选课人数近630万人。

大赛引导创新创业专家进入校园，为高校学子打开一扇创新创业大门。行业专家、创业成功者、企业家、风投人士担任学生的创业导师，或教授相关课程，帮助学生和创新创业团队将理论和实践紧密结合，激发学生创新创业思维能力，提升学生创新创业实践能力，提前了解社会，提前熟悉社会。

大赛在高校营造出浓厚的创新创业氛围。伴随着大赛的规模、影响力扩大，各高校配套开展各类创新创业活动、培训，营造出敢为人先、敢冒风险、宽容失败的氛围。各类创新创业社团、组织、团队如雨后春笋般应运而生。

二、以赛促学，培养创新创业生力军

大赛从2015年开办第一届以来，参赛人数和规模不断扩大，已经成为所有创新创业大赛中参与人数最多，影响力最大的赛事。通过大赛成长、孵化出的一大批创新创业项目，已经在市场上落地生根，涌现出大量的创新创业人才，带动各地各高校形成创新创业热潮。大赛已成为大学生实现创新创业梦想的理想实践平台，极大促进了大学生参与创新创业的热情，焕发出强大的生机与活力。

大赛培养锻炼学生全方位能力，帮助学生更快更好地熟悉社会。撰写一份商业技术书、设计制造一份PPT、拍摄剪辑一段路演视频、熟悉理解工商企业注册、完成一次融资对身处象牙塔的学生来说，都是一次全新的体验和成长，能学到很多课堂上书本中无法学到的知识。参赛大学生可以通过现场和网络平台展示创新创业成果，并了解相关政策和行业信息、寻找合作伙伴和创业投资者，可以得到来自校内外具有丰富实战经验的创业导师、企业家、投资家等多个领域专家指导和帮扶；与来自全国各高校的优秀项目和顶端创新创业人才互相学习借鉴，互相合作共赢，在比赛过程中产生更多的创新创业"火种"。大赛为大学生创新创业提供了实践机会，营造了良好氛围，从而全方位提升大学生创新创业能力。

大赛将学生个人梦、创业梦和中国梦紧密结合起来，展示当代青年敢闯会创的精神面貌。除此之外，大赛还将"互联网+""精准扶贫""乡村振兴""一带一路"等国家政策、倡议结合起来，尤其是"青年红色筑梦之旅"将学生个人事业和国家命运结合起来，将个人创业和国家富强之路结合起来，将个人青春奋斗和国家崛起结合起来，在实践活动中坚定理想信念，在艰苦奋斗中锤炼意志品质，在创新创业中增长智慧才干，在为群众服务中实现自我价值，充分展现出当代大学生有理想、有追求、有担当的精神风貌。

三、以赛促创，搭建产教融合新平台

大赛推动新技术、新产品、新业态和新模式快速形成，并升级转型为一定规模的企业、团体。大赛对当今经济社会的影响，一是挖掘了新兴市场的潜力，带动就业，形成新的经济增长点；二是为新一轮的产业革命提供技术支持。高科技和创意点相结合，对新一轮的科技革命和产业升级转型贡献了强大的中国智慧，引领未来经济发展方向，占领未来经济增长的制高点。

促使高校搭建完善创新创业育人机制，形成产学研用一体化的创新创业生态链。大赛不断推动教育界与科技界、产业界、投资界深入合作，不断完善科教结合、产教融合、校企合作协同育人平台，促进高校人才培养与社会需求紧密结合，将高校的智力资源、技术资源、项目资源与企业和投资机构的金融资源、市场资源、社会资源等精准对接，形成产学研用一体化发展的创新创业生态链。

岗位情景模拟 6

你和你的团队正在实施的大学生创新创业项目已经从校赛和省赛中脱颖而出，目前正在积极备战国赛过程中。团队前期已经将项目要点亮点、实施方案等进行了详细的分析，已经初步形成了一个比较好的商业策划书。但针对更高级别的赛事，需要对路演PPT和路演演讲稿再次进行打磨。团队部分成员认为参加校赛和省赛的PPT和演讲稿可以直接用于国赛。但作为团队负责人的你来说，觉得还远远不够。

问题与思考

1. 作为团队负责人带领团队从校赛、省赛，一路走来，怎么说服团队成员克服厌战情绪，继续保持斗志，精益求精地完成比赛项目。

2. 一个好的路演演讲稿需要注意什么？

答案解析

实训实练六　"互联网+"创新创业大赛路演PPT制作

【实训目的】

结合中医药学专业知识点，参照之前章节要求完成的商业计划书的要求，根据"互联网+"大赛的要求，选择一个赛道模拟参加比赛，并制作参赛的路演PPT。

【相关准备】

（1）以之前完成的计划书，参照"互联网+"大赛的要求，对计划书进行修改。

（2）计算机

【具体要求】

（1）根据路演要求时间，设计制作一份大方美观、条理清晰、重点突出、简明扼要的路演PPT。

（2）PPT要求。围绕"为什么做、做了什么、怎么做、做得怎么样、谁来做"等五方面内容，完成PPT。具体来说，包括以下内容。

——项目概述

内容：项目LOGO和名称，一句话描述，用一句话把项目说清楚，用最大的亮点引人入胜。

——市场分析

即市场痛点和需求。团队发现了什么样的市场空白或痛点，哪些群体的客户面临什么样的问题，最好用提问的方式，引起评委或投资人的思考。

——项目介绍

针对上述痛点或需求，团队提出的解决方案是什么，产品（项目）的特点是什么。项目的优势是什么，横向纵向进行对比后，为什么这个项目是最好的。将产品（项目）的展示图片、视频资料、数据分析图片要融入的此项目中，给投资人一种实在的感觉，不要形成"画饼子"的空中楼阁。

——项目发展介绍

项目现在进展情况，市场规模、市场占比。特别介绍项目未来发展状况，在短期和长期将会取得什么样的成效。分析运行模式和成本，向投资人传达项目具备清晰、可行、长远的管理理念。阐明投资人投资后，在一定周期会获得多少回报等。

——团队介绍

必须点出团队是志同道合、互信互补、与业务强契合的；创始+CEO+核心员工团队，务必突出亮点。比如名校高才生、名企高管、连续创业者、代表作、有独占资源如何能够帮助项目更好发展。

——结束页

最后再次强化项目的名称、LOGO、团队、项目愿景等内容。

以上制作设计路演ppt需要包含的一些内容要素，不一定按照上面顺序进行制作，项目路演者可以根据自己的需要进行灵活调整。

【实训作业】

请按照以上要求，制作设计一份路演PPT。

目标检测

答案解析

一、单项选择题

1. 首届中国"互联网+"大学生创新创业大赛总决赛（   ）年10月19日至20日在吉林长春吉林大学举行
   A. 2013   B. 2014   C. 2015   D. 2016

2. 第五届大赛提出"五个更"的要求，即（   ）
   A. 更中国、更国际、更教育、更全面、更创新
   B. 更科技、更信息、更教育、更职业、更高新
   C. 更前沿、更国际、更红色、更全面、更经济
   D. 更世界、更变革、更进步、更高新、更完善

3. 第一次"青年红色筑梦之旅"是第（   ）届中国"互联网+"大学生创新创业大赛举办的同期实践活动
   A. 二   B. 三   C. 四   D. 五

二、多项选择题

1. 第七届中国国际"互联网 +"大学生创新创业大赛赛道包括（　　）

    A. 主赛道　　　　　　　B. "青年红色筑梦之旅"赛道　　　C. 职教赛道

    D. 萌芽赛道　　　　　　E. 产业命题赛道

2. 主赛道根据参赛项目所处的创业阶段、已获投资情况和项目特点等，分为（　　）

    A. 本科生创意组　　　　B. 研究生创意组　　　　　　　C. 初创组

    D. 成长组　　　　　　　E. 师生共创组

三、简答题

根据大赛规则和评审要点，梳理简述主赛道各组别的基本条件。

（李亮靓）

书网融合……

知识回顾　　　习题

第十一章　中医药创新创业的传承与创新

PPT

学习目标

知识要求：

1. 掌握大学生在中医药领域创新创业的创新途径。
2. 熟悉中医药创新创业的发展定位和商业模式。

能力要求：

学会设计中医药领域创新创业项目。

🍎 **思政课堂**

创新中医药院校"双创"模式

当前，中医药院校的人才培养还没有完全适应健康中国、健康强省的建设需求。优质中医药服务供给能力不足，人才培养供给侧和产业需求侧结构要素融合不够，适应大健康新业态需要的紧缺人才培养不足，社会对中医药创新创业人才的需求更加迫切，时代呼唤中医药有新作为。

中医药院校应着力打造以"互联网+"大学生创新创业大赛、"中医药杯"和"挑战杯"为首的从创意到创新，再到创业的大学生"双创"赛事"大舞台"，促进学校与社会资源的对接，以赛促教。传承创新发展中医药是新时代中国特色社会主义事业的重要内容，是中华民族伟大复兴的大事。面对新的时代要求，中医药院校应坚持"以创立人"，以更加坚决的态度、更加务实的作风、更加扎实的举措，激发创新思维，激扬创业活力，让创新源泉充分涌流，让创业成果充分汇聚，为全面推进健康中国建设、实现中华民族伟大复兴的中国梦贡献力量。

一、中医药创新创业的传承

（一）中医药创新创业是中医药文化传承的需要

中医药文化是中国传统文化的精神内核，是整个中华民族的精神印记。中医药蕴含着丰富的中国传统文化的精神内核，深烙着中华民族的精神印记。中医药文化从《周易》和儒、释、道及诸子百家学说为主的丰腴的母体中，源源不断地汲取营养，积淀了深厚的内涵和功力，从而保持着经久不衰的文化魅力。中医在形成发展过程中不断汲取古代文化思想的知识成果，并与古代哲学、诸子文化、两汉经学、魏晋玄学、隋唐佛学、宋明理学、清代朴学等多种文化形态相互交融渗透影响，形成了今天的中医药理论体系、思想形态和治法治则。

中医药文化是中国传统优秀文化的重要组成部分，具有创新文化的潜力。中医学是中国传统科学中沿用至今的富有中国文化特色的医学，它具有非常系统的理论体系，独特的诊疗方法和显著的临床疗效等特征，在中华民族五千年的历史长河中，始终担负着提升健康水平的重任，是中华人民长期同疾病做斗争的智慧结晶，它在中华民族的繁衍昌盛中发挥着主要的作用。中医的整体观明确提出，天人合一，人是一个整体，人与社会是一个整体，人与自然也是一个整体，只有人体自身，人与自然，人与社会相协调，才能达到一个平衡状态。因此，传承和发展中医药文化，对科学地认识健康与疾病的关系，弘扬中医学术，充分发挥中医药在健康事业发展中的作用，使人与自然，人与社会环境相协调、相统一，促进中医学沿着正确，健康的方向发展，对人类的健康事业和构建世界新医学具有重要的意义。

中医药文化是中医药学的根基和灵魂，是中医药事业持续发展的内在动力，是中医药学术创新进步的不竭源泉，也是中医药行业凝聚力量，振奋精神，彰显形象的重要抓手。中医药文化核心价值体系和以中华优秀传统文化为基础的社会主义核心价值体系有着共同的思想道德基础和价值取向，集中体现了中华民族的人文精神和优良品质。我们要增强传承和发扬中医药文化的自觉性和主动性，深入研究中医药文化核心价值体系的建设内容和方法，传承创新，建设具有中国特色并体现时代精神的中医药文化核心价值体系，充分认识和把握加强中医药文化传承的重大意义。

（二）中医药文化传承的途径

高校要积极探索建立"中医药与中华传统文化"专业和学科，从人才培养和学术研究的角度，更好地促进中医药文化与其他中华传统文化的交融创新。中医药具备文化和科学的双重属性，决定了中医理论的形成与发展离不开其他中国传统文化的滋养。为了整合系统，融会贯通，更好地促进中医药文化创新发展，应选择试点院系设置"中医药与中华传统文化"类专业及学科，大力培养具有中华传统文化素养的基础型研究人才，系统化、深层次研究中医药与中华传统文化，从中汲取精华，从而助力中医药文化创新发展。

要在各类中医药文化宣传推广活动中，注重构建"中华传统文化+中医药"复合型推介模式，为中医药传播增添文化的翅膀。推出文化推广组合拳，阐明中医药与传统文化的关系，借助中医药文化在人们心中的影响，使中医药更加深入人心，更易于传播推广。

要开展中华传统文化素养整体提升工程，在中医药传统等级考试中，增加对中华传统文化内容的考核。当前，中医药系统正深入贯彻落实全国中医药大会精神，其中包括在医学生中推进中医药经典等级考试工作。如何开展好这项工作，是中医药工作者的新任务，也是贯彻落实"传承精华，守正创新"重要指示精神的重要体现。从文化相融、互相滋养的角度来看，我们不仅需要加强对医学生考核中医药经典知识的掌握，还要适当将其拓展为对中华传统文化内涵的整体考核，这样有助于推进医学生加强经典中华传统文化的学习，进一步提升医学生理解和掌握经典中医药文化的能力和水平。

（三）中医药创新创业对实现中华民族伟大复兴具有重要意义

1. 中医药创新创业是民族精神的时代光辉　"民族精神是一个民族赖以生存和发展的精神支柱，是维系各族人民生活的共同纽带。一个民族没有振奋的民族精神和高尚的品格，不可能自立于世界民族之林。"自强不息、艰苦奋斗是中华民族精神的重要组成部分。"自强不息"出自《周易》，"天行健，君子以自强不息。"寓意中华民族坚强意志和奋发图强的优秀品质。

中医药专业学生由于其专业的特殊性，虽然在中医药领域创新创业有一定难度，但是也要培养学生的创新创业精神，使中医药专业学生具备同其他大学生一样的创新创业能力，同时也具备在本专业领域不断探索的开拓创新精神。利用大学生创新创业课程，从学习理论知识，到组织团队设计创新创业项目，到市场调研，再到实施。让中医药专业学生认识创业，了解创业，潜移默化地培养学生的创新精神和创业意识。在创业过程中，中医药专业学生依靠中华民族的传统美德，发扬自强不息、艰苦奋斗精神，克服创新创业过程中出现的各种困境和突发问题。

2. 中医药创新创业是培育和践行社会主义核心价值观的现实需要　"富强、民主、文明、和谐"是国家层面的价值目标，"自由、平等、公正、法治"是社会层面的价值取向，"爱国、敬业、诚信、友善"是个人层面的价值准则。这24字充分概括社会主义核心价值观的基本内容。2013年中共中央办公厅下发《关于培育和践行社会主义核心价值观的意见》肯定了培育和践行社会主义核心价值观在社会主义市场经济建设、促进人的全面发展、引领社会进步中有着强劲的现实指导意义。

高校通过育人，培养服务于社会主义现代化建设，服务于人民物质文化生活需要和全面发展需求的社会主义事业的建设者和接班人。"爱国"是中医药专业学生创新创业的内驱动力。将创新创业与国家、民族的命运连接起来，可以激发大学生坚定的理想信念和爱国情怀，从而激发学生的积极性、主动性和创造性，投身到创新创业中去。"敬业"是中医药专业学生创新创业的保障力。敬业也是对医学生医德品德的基本要求，只有全心全意投入到创新创业中，解决创业过程中遇到的各种困难，创新创业才会取得成功。"诚信"是中医药专业学生创新创业的生命力，诚信是衡量一个人道德品质的重要指标。医学生一旦被利益和金钱蒙蔽了双眼，创新创业初衷改变，就会出现道德沦丧，影响医学生医德诚信。"友善"是中医药专业学生创新创业的持久力，友善包括仁爱之心和宽以待人。在创新创业过程中，需要团队的凝聚力、合作力和协调力。而这些力量的获得就是靠友善的品德，遇事宽容，包容，化解矛盾，真心待人，实现团队合作力量最大化。特别是在受经济下行等多种因素影响的时候，中医专业学生在创新创业中更要加强自身医德修养，坚定为人民服务的信念，坚守社会主义核心价值观。

3. 中医药创新创业是国家经济发展的必然要求　随着我国卫生与健康事业发展进入了新时期，新时代、新形势下人们健康需求的变化，医改攻坚带来的医疗服务格局调整，互联网、大数据、人工智能等新技术新潮流的不断涌现，必将为医疗服务提升优化释放出巨大空间。在"互联网＋中医药"领域，一方面，国家对推进互联网医疗的方面利好政策频出，有效推进了医药行业的互联网化；另一方面，在应对社会突发事件的需求的推动下，更需要加快推进"互联网＋中医药"的快速发展。

2015年，《国务院关于大力推进大众创业万众创新若干政策措施的意见》指出："推进大众创业、万众创新，是培育和催生经济社会发展新动力的必然选择。"这就要求中医药专业学生要以国家社会经济新常态为出发点，进行创新创业，以科技创新引领，提升技术含量。当前中国社会处于转型期，矛盾和行业风险聚集，各种社会思潮此起彼伏。在这样的大环境下，中医药专业学生创新创业更要坚定社会主义方向，以国家经济发展标准要求自己，用创新带动创业。

4. 中医药创新创业是实现中华民族伟大复兴的助推器　中国梦是全民族的共同理想，深刻地影响着每一位中华儿女，在中国梦的指引下，青年大学生树立个人理想服从和服务于国家、民族的共同理想。传承和创新发展中医药是新时代中国特色社会主义事业的重要内容，是中华民族伟大复兴的大事。

创新创业是实现中华民族伟大复兴的具体途径和现实动力。中医药专业学生必须研判形势、发散思维，通过创新创造出更多的新技术、新产品和新服务；通过创业实现人生价值、增加社会财富，促进社会繁荣与稳定。中医药专业学生只有以实现中华民族伟大复兴的中国梦为指引，为国家前途、民族命运、人民利益而奋斗，才能真正找准人生方向，实现人生理想，创造人生价值，最终获得人生的成功。

岗位情景模拟7

当下优质中医医疗资源远不能满足广大人民群众的需求，传统的中医实体医院诊疗模式及优质资源仅能覆盖区域范围内的居民，无法让更多患者得到传统中医的诊疗；随着国家数字健康政策的导向，互联网医院的建设明显有效地解决了这一问题，"互联网+中医"的重要性也更加凸显。

中医人工智能技术发展的关键是中医标准化和数据化，随着中医数据化的日趋完善，借助电子病历、标准化的仪器、多样化的数据采集手段，在参考专家、典籍经验的基础上，辨证论治；对系统推荐的诊断、用药进行调整，由系统记录使用者的诊疗用药习惯，根据疗效反馈不断学习，构建并完善"中医大脑"人工智能系统。

"人工智能+中医"的应用，将患者全流程的数据，通过"中医大脑"学习算法开发出一系列临床的辅助诊断和治疗工具，凡是与数据采集相关的环节，配套人工智能系统发展"互联网+中医"服务。

问题与思考

请通过市场调研，了解还可以构建哪些"互联网+中医药"服务，可以为患者带来更优质、更便捷的就诊体验。

答案解析

二、多方推动中医药领域创新创业

大学生作为社会发展的主力军，必须与时代发展要求相适应，具备较强的创新能力和创业意识。大学生创新创业，不但可以创造就业机会、缓解就业压力，还可以树立大学生正确的职业理想和择业观念，开发创造性思维、提高综合素质和创业能力。大学生创业是适应社会主义市场经济对人才培养方面的要求。培养大学生的创新创业能力是适应社会主义市场经济发展的需要。这就说明，大学生选择创业项目时需要认真地审视自己的优势、专业、兴趣等，还要充分认识到社会未来发展趋势和潜在的需要。

《国务院办公厅关于进一步支持大学生创新创业的指导意见》提出，纵深推进大众创业、万众创新是深入实施创新驱动发展战略的重要支撑，大学生是大众创业万众创新的生力军，支持大学生创新创业具有重要意义。要实现中医药领域创新创业的创新，应该从高校、企业和大学生三方面入手。

（一）高校在中医药领域创新创业的创新途径

1. 转变教育理念，培养适应中医药行业发展需要的人才　高校应正确理解创新创业教育的内涵，立足于中医药行业和产业发展需求，培养具备专业素质和创新精神的人才。十九大报告中将健康中国上升为国家战略，明确提出"要为人民群众提供全方位、全周期的健康服务"的大健康观，中医药健康产业作为实施健康中国战略的重要力量，其发展前景十分广阔。中医药高校应引导学生结合专业知识，从中医药文创、中医结合健康科普、人工智能与医药健康新技术、"健康中国"战略下政策与产业发展要点、健康养老中的心理服务等多个专题中开拓新时代医药健康创新创业的领域。高校要与相关主管部门和企业相结合，多方联动，从宏观层面构建产教融合生态体系。双向打通信息流和人才流，促进创新创业孵化教育体系建立和科技成果转化。

2. 优化课程体系，将专业课程融入创新创业教育中　以能力提升为向导，挖掘中医药类专业课程的创新创业教育资源，促进专业教育与创新创业教育有机融合。根据中医学、中药学、针灸推拿等专业的特点，对学生的创新创业项目进行分类设计与实施，让学生在专业课程学习中探索解决问题。在课程体系的设计上，既要具有通识性，也要根据专业特点精准把握。设置通识类创新创业课程覆盖全体，此外各学院、系部自行开发建设与专业相结合的创新创业类课程，设置相应学分，可体现在专业课或专业选修课中。如开设学科前沿专题课、完成一份中医药市场调研报告、设计一项发明创意（创业计划书）等，学分纳入专业人才培养方案，同时鼓励学生通过参与学科竞赛、获得发明专利、撰写调研报告、公开发表论文等成果获得创新创业课程学分。此外，应注重实践实训环节培养，紧密对接行业与产业，以专业资源共享的方式建设校内外实训基地，通过实练实训让学生能够接触到就业真实环境，有效地将创新项目融入知识内化中去。

3. **创新课堂教学方法，激发学生创造力** 课堂教学是实施人才培养的最直接环节，是专创融合的基本单元，是融合式课程设计的核心。要实现双创教育与专业教育的全面融合，应创新教学方法，将创新创业教学法引入到专业课程教学中。传统的课堂教学以教师为主体，体现的是一种先学后练的管理模式，创新创业教学法提倡以学生为主体，先练后学，在练中发现问题，然后解决问题。老师应在专业课的课堂教学中，注重引导学生探索和发现问题，在实践实训中学会应用知识解决问题。

4. **加强创业型师资队伍建设，保证创新创业教育教学质量** 中医药院校应积极鼓励校内有学科背景、有想法、有实践经验的专业教师参与到创新创业教育中去。同时，打造企业与学校的合作路径，鼓励教师走进企业实践，锻炼并开展中医药创新工作。另外，组建扩大多样化的兼职师资队伍。将富有实践经验的创业者、行业精英、技术人员等请进课堂，聘请更多的校外创业导师，保障校外兼职导师队伍的稳定性。借力地方政府或行业企业的资源，争取地方政府或行业对教师学生创新创业的政策支持，引导鼓励校内师生创业团队融入地方特色产业和创意产业发展。

5. **重视课外实践活动与创新创业教育的巧妙融合** 积极拓展拓宽校内实践活动、建立创新创业型社团，整合不同类型、不同专业、不同方向的学生，组成学生创新创业团队。以社团活动为项目载体，每个社团固定一名有创新创业专业背景的指导教师，引导激发学生创新创业能力，并对有一定潜质的学生进行强化训练，提升学生创新创业教育的针对性。充分利用大学生学术专业课外科教活动、中医药文化节、大学生义诊等活动载体，组建团队进行项目化管理，遴选一批优秀项目进行培育和孵化，并组织学生参与教师科研项目研发或自行开发项目，为中医药事业发展提供技术创新支持。

（二）企业在中医药领域创新创业的创新途径

1. **企业要把握好中医药产业，不断发展壮大** 中医药产业涉及一、二、三产业全过程，要扎实推动中医药产业全产业链发展。要加强中药材规范化种植，提升中药材质量，建设中药材种子种苗繁育基地，建立健全中药材追溯体系。要加快中医药工业转型升级，推动中医药品牌建设，产业龙头企业要发挥自身带动作用。同时企业要提升中医药健康服务水平，大力开展养生保健、健康养老、特色康复等中医药健康服务。

2. **企业要把握好中医药传承，不断开放创新** 企业要围绕中医药治疗重大疾病、防治慢病和突发传染病等重大核心问题和关键技术，推进中医药跨学科联合攻关，产出更多原创性、突破性的中医药科研成果，不断增强中医药科技的附加值。

要推动中医药科技创新成果的转化，充分发挥高等院校、重点科研机构和重点实验室等优势，企业要不断推动中医药和中医药衍生产品多元化、集约化、标准化发展。要推进中医药文献文物研究与运用，实施中医药非物质文化遗产传统技艺数字化、影像化记录工程，全面系统继承名老中医药专家学术思想、临床经验和技术专长。要积极推进中医药"走出去"，发挥"一带一路"优势，加快推进中医药创新创业的建设。

3. 企业要把握好中医药服务，不断提升服务能力　企业要加快健全中医医疗服务体系，充分发挥中医药在预防、治疗、康复中的独特作用和整体医学优势，为人民群众提供全生命周期的全方位中医药服务。要提升重大疾病中医药救治能力和循证研究水平，推进中西医资源整合、优势互补，不断提高临床疗效。注重提升中医药应对突发公共卫生事件能力，加快补齐重大突发公共卫生事件中中医药防控短板，建立健全区域协同、快速反应、保障有力、覆盖全面的中医药应急体系。

（三）大学生在中医药领域创新创业的创新途径

从往届创新创业大赛来看，中医药专业学生在创新创业过程中往往存在项目主题与所学专业偏差较大、项目创新性不足、项目与市场结合不紧密等诸多问题。针对这些问题，中医药专业学生应从以下途径入手，进行中医药领域的创新创业。

1. 立足专业实际，发挥专业特长　中医药院校的大学生应立足中医药类专业实际，充分发挥专业特长与所学，在国家日益重视中医中药现代化发展的时代背景下，积极发扬与宣传中医药传统文化，继承和创新中医药事业发展。找到专业领域创业的真正痛点，同时运用好现代科技手段，将中医药专业基础知识与现代科学技术相结合，充分发挥中医药专业特色优势。

2. 保持好奇心，开发创新创业思维　创新不是简单地模仿或者照搬，创业者必须要有求异的心理，保持创新精神。看问题要更加深刻，更加全面，要从多角度多方位思考。同时在创新过程中要富有冒险和不服输的精神，不安于现状，积极探索新知，保持不断开发的创新创业思维。

3. 打破固有思维，提高自身能动性　中医药专业学生应该打破固有思维，充分发挥自身主观能动性。积极投身参与到创新创业实践过程中，可通过社会实践、参与校企合作项目、参与师生科研项目等方式，寻求灵感，培养和激发创新思维。在创新创业过程中，要有魄力，这种魄力不仅仅来源于对自己项目的自信，更来源于对自身能力和专业的自信。

4. 走入市场、了解市场，时刻关注市场趋势　大学生首先要时刻关注国家的相关政策，因势而动。可以通过调查问卷、走访、调研等形式，充分结合市场需求，利用所学专业进行创新创业，开发产品、开展项目，满足大众需求，服务消费者。知己知彼、百战不殆。

5. 立足实际，全方位考虑多方面需求　大学生创新创业项目设计，应立足实际，充分考虑财力、人员、物资等多方面需求。创业遇到瓶颈时，可通过咨询专业导师、有经验的大创项目获奖者等多种渠道取得帮助，同时建议大学生应先从经费花销较少，各方面条件容易把控的项目入手，更容易使项目落地。同时团队成员还要不断注入新鲜血液，博采众长，才能使整个项目团队不断前进。

> **知识拓展**
>
> **关于医保支持中医药传承创新发展的指导意见**
>
> 2021年12月31日，国家医疗保障局、国家中医药管理局联合印发《关于医保支持中医药传承创新发展的指导意见》（以下简称《指导意见》）。《指导意见》指出通过加强中医药服务价格管理、明确中医药医保支付的政策和范围等措施，充分发挥医疗保障制度优势，深化医疗保障制度改革，以更大的力度和更强的决心，支持和促进中医药传承创新发展，更好满足人民群众对中医药服务的需求。政策发布后，首个交易日中医药板块迎来全面上涨。

《指导意见》要求，各地医保部门、中医药主管部门要高度重视医保支持中医药传承创新发展有关工作，加强组织领导，做好部门协调，结合本地区实际制定医保支持中医药传承创新发展的政策措施，国家中医药综合改革示范区要率先制定医保支持中医药传承创新发展的政策措施。国家医疗保障局和国家中医药管理局将结合各地工作开展情况，选择部分地区开展医保支持中医药传承创新发展特色试点。

●　实训实练七　中医药领域创新创业的创新项目　●

【实训目的】

通过本章节学习，结合所学专业，选择一个具有创新性的中医药类创新创业项目。

【前期准备】

（1）分组。每组5~6人或3~4人。

（2）确定创业前的准备工作都有什么。例如创新性研究项目设计、研究条件准备和项目实施、研究报告撰写、实物设计制作、成果（学术）交流等工作。

【具体要求】

1. 分组讨论

（1）确定创新项目或产品。项目一定要具有创新或者创意。在产品同质化现象越来越严重的时代，只有实现产品差异化，才能更好地打动消费者，才能获得创业的成功。创意往往使产品或者公司具有独特的魅力，而实现差异化就需要有创新思维。

（2）团队创业项目实施过程中能用到哪些相关的法规、政策。充分了解创办企业相关的条例和规章，政府对特许经营的管理规定，企业相关扶持政策、优惠政策，各地政府为了扶持当地大学生创业，出台的相关政策法规。

2. 分别从以下几方面阐述，如何进行项目运转

（1）市场调查与竞争对手分析。确定市场调研的对象、内容，市场调研的方法以及市场调研的步骤。

（2）选址及确定团队成员。根据创业团队组建原则确定团队成员并进行工作分工。项目负责人须具备较强的科学研究能力和组织管理能力，项目团队要分工明确，有较强的团队协作精神。

（3）成本费用管理。根据成本管理责任制进行成本习性分析。通过调查分析、运用技术测定等方法制定，在有效经营条件下能达到的目标成本。进而计算出作业成本和责任成本。

（4）前期宣传。可以通过网络宣传、纸媒宣传、电视直销宣传、短视频宣传等方式展开。了解各种宣传方式的优势和劣势，找到属于自己团队最佳的宣传方式。

（5）项目产品经营。经营组建好项目团队后，制定详尽的项目计划，项目计划是项目未来的行动方案，决定执行的具体任务、执行时间、执行人、执行任务等。确定项目范围，最终进行项目实施。

（6）商业模式。在"互联网+"的大环境下，商业模式包括价值主张、盈利模式、企业资源能力、企业外部效应。其中，盈利模式是一个企业商业模式的核心内容，对保障企业的经济效益与未来发展起到了关键作用。

（7）财务管理。市场经济条件下，企业生产经营容易发生财务危机，导致企业出现经营困难甚至破

产。通过财务管理，实行财务预警机制，分析确定财务危机警戒标准，全程实时监测。

（8）风险规避。在经济社会转型中，风险和机会并存。大学生只有根据自身特点，充分发挥专业优势和特长，弥补不足和缺陷。大学生要正视创业中遇到的风险，积极寻找预防风险的方法。

【实训作业】

请根据以上要求，结合中医药类专业特点，书写一份具有创新性的中医药创新创业计划书并进行商业路演。

目标检测

答案解析

一、单项选择题

1. （ ）是中华民族的伟大创造和中国古代科学的瑰宝
   A. 中医学　　　　　B. 中药学　　　　　C. 中医药学　　　　　D. 针灸推拿

2. 下列（ ）不是大学生创新创业获得学分的方式
   A. 学科竞赛　　　　B. 获得发明专利　　　C. 撰写调研报告　　　D. 按时上课

3. 大学生在中医药领域创新创业的创新途径不包括（ ）
   A. 立足专业实际，发挥专业特长　　　　　B. 保持好奇心，开发创新创业思维
   C. 照搬前辈的创业案例　　　　　　　　　D. 打破固有思维，提高自身能动性
   E. 走入市场、了解市场，时刻关注市场趋势

二、多项选择题

1. 中医药领域创新创业的主体有（ ）
   A. 高等学校　　　　B. 大学生　　　　　C. 企业　　　　　　D. 国家

2. 以下哪类群体（ ）可以成为创新创业导师
   A. 有实践经验的创业者　　　　　　　　　B. 行业精英
   C. 技术人员　　　　　　　　　　　　　　D. 专业课教师

三、简答题

1. 简单设计一个中医药类创新创业项目。
2. 简述中医药创新创业对实现中华民族伟大复兴的重要意义。
3. 医学生如何实现中医药领域的创新创业。

（姜　姗）

书网融合……

知识回顾　　　　习题

主要参考书目

［1］郭美斌，文丽萍.大学生创新创业理论与实训教程［M］.吉林：吉林大学出版社，2015.

［2］托马斯·沃格尔，陶尚芸.创新思维法［M］.北京：电子工业出版社，2022.

［3］黄德胜.医学生创新创业思维与方法［M］.北京：科学出版社，2019.

［4］王世宇，何云章.实战创新创业教育指导［M］.北京：中国中医药出版社，2017.

［5］张元龙，马重阳.中医药院校创新创业基础教程［M］.北京：中国中医药出版社，2021.

［6］杜勇.医学生创新创业教程［M］.北京：人民卫生出版社，2020.

［7］张福利，张赢盈.全国医学类院校创新创业教育基础指南［M］.西安：西安交通大学出版社，2018.

［8］胡真.中医药文化的内涵与外延［J］.中医杂志.2013，54（03）：192-194.

［9］刘娟芳.高职学生创新创业能力内涵及构成要素［J］.现代职业教育.2017，（28）：30.

［10］邱婷，郭心灵，杨俊杰.应用型本科制药工程专业中药学学生创新创业途径探讨［J］.山东化工.2019，48（20）：216-217.

［11］王攀月，刘振，张宗明.中医药文化传播的新途径——以动漫为例［J］.南京中医药大学学报（社会科学版）.2022，23（01）：17-21.

［12］陈继祥，张一春.“互联网＋”视阈下中医药文化传播路径研究［J］.北京印刷学院学报.2019，27（03）：11-12.

［13］动漫形式传播中医药文化的研究——以动漫片《本草药灵》为例［J］.世界最新医学信息文摘.2018，18（16）：224-225.